+ 90

CATALOGUE
DE LA BIBLIOTEQUE
DE FEU MONSIEUR
DE BIMARD
BARON DE LA
BASTIE MONTSALEON
De l'Academie des Inscriptions & belles Lettres.

Ecriture Sainte, & Interpretes.

Novum Testamentum Græcum cum vulgatâ interpretatione Latinâ, Græci contextûs Lineis inserta, operâ Ben. Ariæ Montani. *Apud Petrum de la Rouviere. Parisiis* 1619. *in fol. velin.*

Biblia sacra vulgatæ editionis; editio nova cum notis chronologicis, historicis. *Parisiis vitrè* 1662. *in fol. veau.*

Evangeliorum harmonia Græco latina, auctore Nicolao Toinard. *Parisiis Andr. Cramoisi* 1707. *in fol. veau.*

Novum Testamentum Græcum, cum lectionibus variantibus, editor Ludolphus Kusterus. *Amstelod. & Lipsiæ* 1710. *in fol. veau.*

Geographia Sacra auctore R. P. Carolo à Sto. Paulo

Lutetiæ Parif. 1641. *in fol. veau.*

Theatrum Terræ sanctæ, & biblicarum Historiarum auctore christiano Adrichomio Delpho. *in fol. veau.*

Annales veteris & novi Testamenti, unà cum rerum asiaticarum & ægyptiacarum chronico. Jacobo Usserio Arch. Armachano digestore quibus præfixa est Jacobi Usserii vita á Th. Smitho conscripto. *Genevæ Tournes* 1722. *in fol. veau.*

Mathei Beroaldi chronicon Scripturæ Sacræ authoritate constitutum 1575. *in fol. baf.*

Vetus Testamentum ex versione septuaginta interpretum græ. editor Lambertus Bos. *Francqueræ* 1709. *in* 4. 2. *vol. veau.*

Apollinari interpretatio Psalmorum versibus heroïcis græ. lat. 1546. *velin.*

Paraphrasis Psalmorum auctore Georgio Buchanano *Cathalauni* 1607. *in* 16. *basane.*

Testamenti novi manuale græco-latinum. *Tiguri* 1662. *in* 12. *baf.*

Novum Testamentum græ. *Lugd. bat. ex off. Elzeviriana in* 24. *mar. vert.*

Novum Testamentum græ. *Lutetiæ ex officinâ Roberti Stephani* 1559. *in* 24. *mar. vert.*

SAINTS PERES GRECS ET LATINS

Clementis Alexandrini opera græ. lat. *Lutetiæ* 1629. *in fol. veau.*

S. Epiphanii opera omnia græ. lat. à Dionisio Petau Soc. Jesu. *Parisiis* 1622. 2. *vol. in fol. veau.*

Tertuliani opera diligentiâ Nicol. Rigaltii. *Lutet. Parif. in fol.* 1664. *veau.*

S. Gregorii Turonensis Episcopi opera omnia necnon fredegarii epitome & chronicon operâ & studio D. Theodorici Ruinart. *Lutetiæ Parisiorum* 1699. *in fol. veau.*

SS. Patrum qui temporibus Apostolicis floruerunt opera J. B. Costelerius ex M. SS. illustravit & Joannes Clericus recensuit & notulas aspersit *Amstel.* 1724. 2. *vol. in fol. V.*

Justini Philosophi & Martyris opera græ. lat. *Lutetiæ Paris.* 1615. *in fol. veau.*

Eusebii Preparatio Evangelica, cum notis Francisci Vigeri Soc. Jesu græ. lat. *Parisiis Cramoisi* 1628. *in fol. veau.*

Origenis contra celsum lib. octo cum emend. & notis Guillelmi Spenseri. *Cantabriæ* 1658. *græ. lat. in 4. veau.*

Arnobij disputationes adversus gentes. *Lugd. Bat.* 1651 *in 4. marr. Rouge.*

Minutii Felicis Octavius, cum integris omnium notis ac comment. novisque animadversionibus, Jac. Ouzelii, & Joannis Meursii notis, accedit Julius Firmicus Maternus de errore profanarum Religionum. *Lugd. Bat. Hachius* 1672 *in 8 V.*

Salviani Massiliensis & Vincentii Liriniensis opera, cum notis Stephani Baluzii editio tertia *Parisiis* 1684. *in 8. V.*

Tatiani oratio ad Græcos. græ. lat. & Hermiæ irrisio Gentilium Philosophorum cum variorum & Wilhelmi Wort notis. *Oxonii* 1700. *in 8. veau.*

L. Cælius Lactantius Firmianus de divinis institutionibus *Lugd. apud Seb. Gryphium* 1541 *in 12. veau.*

L. Cælii Lactantii Firminiani opera omnia *Cantabrigiæ* 1685 *in 12 encart.*

Sulpitii Severi sacræ Historiæ, 1574 *in 12 p.*

D. Aurelius Augustinus Hipp. Epus de Civitate Dei *Lugd.* 1580 *in 12. 2. vol. p.*

Eusebii Pamphili demonstratio Evangelica græ. lat. libri X *Parisiis* 1528 *in fol. bas.*

HISTOIRE ECCLESIASTIQUE

Interprètes Critiques

Annales Ecclesiastici, Auctore Card. Cæsare Baronio *Antverpiæ. ex officinâ Plantinianâ* 1612 *in fol. XII vol. V.*

Critica in universos Annales Cæsaris Cardinalis Baronii Auctore R. P. Antonio Pagi ord. min. conv. opus postumum quatuor Tomis distinctum studio & curâ R. P. Francisci Pagi ejusdem Ordinis, Auctoris nepotis. *Antverpiæ sumptib. fractum de Tournes* 1727 *in fol. IV. vol. veau.*

Petri de Marca dissertationes de concordiâ Sacerdotii & imperii edit. à Stephano Baluzio. *Parisiis Muguet* 1663. *in in fol. veau*

Acta Martyrum P. Theodorici Ruinart opera & studio Veronæ 1731 *in fol. veau.*

Chronicon Paschale à mundo condito, opera Caroli du Cange græ. lat. *Parisiis ex Typographiâ Regiâ.* 1668 *in fol. veau,* grand papier.

De la primauté de l'Eglise par David Blondel *Geneve* 1641 *in fol. veau*

Flavii Josephi opera omnia græ. lat. *Amstelodami* 1726. 2. *vol. in fol. veau.*

Annales sacri Auctore Augustino Tomiello *Antverpiæ* 1620. *in fol.* 2 *vol. veau.*

Chronica trium illustrium Auctorum Eusebii Pamphil. Episc. D. Eusebii Hieronimi præsbr. & D. Prosperi Aquitani Episcopi *Lugd. Bat.* 1606. *in fol. veau.*

Thesaurus temporum Eusebii pamphilii cæsareæ Palestinæ Episc., opera & Studio & cum notis. Josephi scaligerii. *Lugd. Bat.* 1606. *in fol. bas.*

Socratis scholastici & Hermiæ. Sozomeni Historia Ecclesiasticâ græc. lat. henricus valesius Latine vertit & annotationib. Illustravit. *Parisiis* 1686. *in fol. veau.*

Chronologia Sacra studio sethi Calvisii *Francofurti ad oderam* 1620. *in fol. velin.*

Martirologium Romanum auctore Cæsare Baronio *Romæ* 1586. *in fol. veau.*

Historiæ Ecclesiasticæ scriptores græci, græ lat. *Coloniæ allobrogum* 1612. *in fol.*

Geographia sacra sive notitia antiqua Episcop. Ecclesiæ universæ auctore R. P. de Sancto Paulo *Lutet. Paris.* 1641 *in fol. veau.*

Geographiæ sacræ pars prior Phaleg. auctore Samuele Bocharto *Cadomi* 1646. *in fol. velin.*

Henrici Cardinalis Norisis opera omnia *Veronæ* 1729. *in fol. IV. vol. veau.*

Phôtij myriobliblón, sive Bibliotheca librorum &c. quos Photius legit & censuit græcè edidit David hoeschelius & notis illustr. latinè reddidit Andreas scotus. *Oliva Pauli Stephani* 1592. *in fol. bas.*

Gilb. genebrardi chronographiæ lib. IV. *Parisiis* 1585. *in fol. veau.*

Georgius codinus de officiis magnæ Ecclesiæ Constantinopolitanæ græ. latinè opera & studio Jacobi gretseri Societatis Jesu. *Parisiis* 1625. *in fol. veau.*

Pauli Orosii adversus paganos historiarum Libri septem ut & Apologeticus contra pelagium de arbitrii libertate, cum notis franc. fabricii & lud. lautii, Recensuit & illustravit sigebertus Havercampus. *Lugd. Bat* 1738 *in* 4. *veau.*

Vindiciæ pro conjecturâ de Suburbicariis Regionibus & Ecclesiis. adversus censuram Jacobi Sirmondi societ. Jesu. *Geneva* 1619. *in* 4. *bas.*

La Filosofia morale proposta a i Giovani da Ludovico Antonio Muratori 2. edizione *in Verona* 1737. *in* 4. *bas.*

Della Carita christiana Trattato morale da Lud. ant. Muratori. *in Modenâ* 1723. *in* 4. *bas.*

Gerardi Joannis Vossii historiæ de controversiis quas Pelagius ejusque reliquiæ moverunt lib. VII. *Amstel.* 1655. *in* 4. *veau.*

Histoire du Concile de Trente de Frapaolo. Serpi trad. par Amelot de la Houssaye. *Amsterdam de l'Impr. de Blaeu.* 1686. *in* 4. *veau.*

Critique de l'histoire du Concile de Trente de Frapaolo par Mr. Frain de Temblai. *à Rouen* 1720. *in* 4. *veau.*

Justi Lipsi de Cruce libri III. *Antverpiæ Plant.* 1599. *in* 4. *velin. cum fig.*

Justi Lipsi divæ Virg. Hellensis beneficia & miracula *Antverpiæ plant.* 1604. *in* 4. *velin.*

Theophrasti de notis morum liber cum Angeli Politiani latinâ interpretatione. *Lutetiæ* 1683. *in* 4. *velin.*

Petri Danielis Huetis Episcopi Quæstiones de concordiâ rationis & fidei *Cadomi* 1690. *in* 4. *veau.*

Salutaris lux Evangelii à Joanne Alb. Fabricio *Hamburgi*

1751. *in* 4. *veau.*

Theatrum terræ sanctæ & Bibliotecarum historiarum cum Tabulis Geographicis auctore christiano adrichomio *Colonie aggrip.* 1628. *in fol. veau.*

Euchatisticon Jacobo Sirmondo soc. Jesu pro adventoriâ de regionibus & Ecclesiis suburbicariis. *Lutet. Parif.* 1621. *in* 4. *veau*

De rebus sacris & Ecclesiasticis exercitationes historico Criticæ auctore Samuele Basnagio *Ultrajecti* 1691 *in* 4. *veau.*

Antonii Vandale dissertatio super aristea de LXX. interpretibus additur historia Baptismorum *Amstelodami* 1705. *in* 4. *veau.*

Disquisitio chronologica de successione antiquissimâ Episcoporum Romanorum à Petro usque ad victorem auctore J. Phil. Baraterio *Ultrajecti* 1740. *in* 4. *veau.*

L'Antimachiavel ou examen du Prince de Machiavel avec des notes hist. & politiques *à Londres* 1741. *in* 8. *veau.*

Cl. Salmasii de primatu Papæ librorum pars prima cum apparatu, accedunt de eodem primatu Nili & Barlaami tractatus & alia quædam similis argumenti necnon liber unus de purgatorio gr. lat. interprete Bonavent. Vulcanio & Joanne Luydo cum notis ejusdem Salmasii Lugd. bat. ex officinâ Elzevirianâ 1645 *in* 4. velin.

Preadamitæ auctore Isaaco de la Peyrere *Imp. Holl.* 1655 *in* 4. *veau.*

Instruction contre le schisme des prétendus reformés *à Toulouse* 1684. *in* 8. *baf.*

Varia sacra seu syllogæ variorum opusculorum græcorum græ. lat. *Lugd. Bat.* 1685. 2. *vol. in* 4. *veau.*

Isaaci Vossii de septuaginta interpretibus dissertationes. *Hagæ comitum* 1661 *in* 4. *veau.*

Antonii Vandale de oraculis veterum etnicorum dissertationes. *Amstel.* 1700. *in* 4. *vel.*

Pauli Orosii præsbiteri adversus paganos Historiarum libri VII. opera & studio Francisci Fabricii Marcodurani. *Coloniæ apud Maternum Cholinum* 1574. *in* 8. *vel.*

Q. Sept. Florentis Tertuliani liber de Pallio Claudius Salmasius. recensuit *Lugd. Bat.* 1656. *in* 8. *veau.*

Historia persecutionis vandalicæ, operâ & studio Theodorici Ruinart. *Parisiis* 1694. *in* 8. *b.*

Dissertationes Cyprianicæ ab Henrico Dodwello, *Oxoniæ* 1684. *in* 8. *vel.*

Petri Danielis Huetii demonstratio Evangelica. *Amstel.* 1680. *in* 8. 2. *vol. veau.*

Codex Canonum Ecclesiæ Affricanæ a christophoro. Justello *Lut. Paris.* 1615. *in* 12. *veau.*

De usuris Liber. Claudio Salmasio auctore. *Lugd. Bat. ex off. Elzeviriana* 1638. *in* 12. *b.*

De modo usurarum lib. Claudio Salmasio auctore *Lugd· bat. ex off. Elzevir.* 1639. *in* 12. *b.*

Dissertatio de Fænore Trapesitico Claudio salmasio auctore *ibid.* 1640. *in* 12. *b.*

Hugo Grotius de Imperio summarum potestatum. Circa Sacra. *Lutet. Paris.* 1647. *in* 12. *vel.*

Usuardi Martirologium, operâ & stud. Joannis Molani. *Lovanii* 1573. *in* 12. *b.*

Franciscus Bernardinus de Antiquo Ecclesiasticarum Epistolarum genere. *Mediolani* 1613. *in* 12. *p.*

De Urbicariis & Suburbicariis Regionibus & ecclesiis adversus Joannem Artisium *Argentorati* 1620. *in* 12. *veau.*

Thomæ Bartholini de Latere Christi aperto dissertatio, accedunt Cl. salmasii & aliorum de cruce Epistolæ. *Lugd. Bat. Maire* 1646. *in* 12. *vel.*

Cl. Salmasii de Hellenistica Commentarius. *Lugd. Bat.* 1643. *Elzevir in* 12. *veau.*

Funus linguæ Hellenisticæ. *Lugd. Bat. Maire* 1643. *in* 12. *vel.*

Aristeæ de Legis divinæ Tract. ex Hæbraica lingua in Græcam Transl. *Basileæ in* 12. *vel.*

Censura conjecturæ anonymi Scriptoris de Suburbicarijs Regionibus & Ecclesiis auctore Jacobo firmundo Soc. Jesu. *Parisiis Cramoisi.* 1618. *in* 12. *veau.*

Dionisii Petavii e Societate Jesu appendix ad Epiphanias, seu elenchus dispunctiuncularum, Maturini Simonii de Penitentiæ ritu veteri in Ecclesia. *Parisiis Cramoisi* 1624. *in* 12. *vel.*

Petri de Marca dissertationes cum notis Stephani Balusii. *Parisiis* 1669. *in* 12. *veau.*

Traité des Benefices par Frapaolo Sarpi. *Amsterdam Werslein* 1687. *in* 12. *veau.*

Vita di Papa Celestino secundo da don Alessendro Certini. *Foligno* 1716. *in* 12. *b.*

Acta Marii Mercatoris cum notis Rigberii *Bruxellis* 1673 *in* 12 *b.*

La Sta. Casa Abbellita di Silvio Serragli. *In Macerata* 1652. *Encart.*

Nova Rejensium Episcoporum Nomenclatura *Massiliæ* 1728. *in* 12. *b.*

HISTOIRE CHRONIQUES
Bibliotheque

Georgii Cedreni annales Guillelmo Xylandro Interprete græ. lat. *Basileæ in fol. velin.*

Paleographia græca sive de ortu & progressu litterarum græcarum, operâ Bernardi de Montfaucon. *Parisiis* 1708. *in fol. cum figuris & schematibus veau.*

Bibliotheca Coisneliana olim segueriana græc. lat. operâ D. Bernardi de Montfaucon. *Parisiis* 1715 *in fol. veau.*

Commentariorum Reipulicæ Romanæ Libri XII. auctore Wolfango Lasio. *Basileæ* 1550. *in fol. veau.*

Agathiæ scholastici de Imperio & rebus, gestis Justiniani Imperatoris Lib. V. græ Lat. Interprete Bonaventura Vulcanio *Parisiis ex Typogr. Regia* 1660. *in fol. encart.*

Bibliotheque Historique de la France par Jacque le Long Prêtre de Loratoire. *Paris* 1719. *in fol* 2. *vol. veau.*

Catalogus Codicum Manuscriptorum Bibliothecæ Regiæ. *Parisiis ex Typogr Regia* 1739. *in fol.* 2. *vol. veau.*

Bibliotheca Bibliothecarum Manuscriptarum nova Edit. auctore R. P. Bernardino de Montfaucon *Parisiis* 1739. 2. *vol. in fol. veau.*

Syncelii & Nicephori Chronographia, curâ & studio P. Josephi Goar. *Parisiis ex Typogr. Regia* 1652 *in fol. veau.*

Philostrati Iemnii Operâ. *Parisiis* 1608. *in fol. veau.*

Philonis Judæi opera omnia græ. lat. *Lutetiæ parisiorum* 1640. *in fol. veau.*

Plutarchi Cheron. opera omnia græ. lat. à Joanne Rualdo collecta, *Lut. Parif.* 1624. 2. *vol. in fol. baf. verte.*

Bibliotheque de Richelet, ou Abregé de la vie des Autheurs cités dans ce Dictionaire *Broch. in fol.*

Thucididis de bello Peleponesiaco libri octo græ. lat. editor Carolus Andræas Dukerus. *Amstelodami* 1731 *in fol. veau.*

Marca hispanica, seu limes hispanicus, id est, descriptio Cataloniæ, Ruscinonis & pupulorum adjacentium auctore Petro de Marca ex editione Stephani Balusii. *Parisiis* 1688. *in fol. veau*

Rerum gallicarum Commentarii, auctore Francisco Belcardo Peguilione Mentensi Episcopo. *Lugduni* 1625. *in fol. veau.*

Jacobi Augusti Thuani historiarum sui temporis ab anno 1543. usque ad annum 1607. libri 138. *Genevæ* 1626. V. *vol. in fol. b.*

Stephani Vinandi Pighii annales Romanorum operâ & studio Andreæ scotti Societatis Jesu. *Antverpiæ* 1615. 3. *vol. in fol. veau.*

Polybii Historia Græco Latina, Jsaacus Casaubon Illustravit *Parisiis* 1609. *in fol. veau.*

Historiæ augustæ scriptores VI. a Claudio Salmasio cum notis Casauboni *Parisiis* 1620. *in fol. veau.*

Historiæ Romanæ scriptores græci minores operâ & studio frid. Sylbergii græ. lat. *Francofurti* 1590. *volumen tertium in fol. baf.*

Joannes Zonara, compendium historiarum græcè latiné *Basileæ* 1557. *in fol. veau.*

Græca D. Marcii Bibliotheca codicum manuscriptorum *Venetiis* 1740. *in fol. veau.*

C. Cornelii Taciti & C. Velleii Paterculi scripta quæ extant, *Parisiis* 1608. *in fol. veau*

Historia Byfantina auctore Carolo Dufresne Dño du Cange, *Lutetiæ Parisiorum* 1603. *in fol. veau.*

Diodori Siculi Bibliothecæ historicæ libri XV. græ. lat. studio & labore *Laurentii Rhodomanni Hanoviæ* 1604. *in fol. veau*

Dionisii Halicarnassei scripta quæ extant græ. lat. studio & labore Friderici Sylburgii *Lypsiæ* 1691 *in fol. veau*

Herodoti Halicarnassei historiarum libri IX. item vita Homeri græ. lat. cum figuris. *Lugd. bat.* 1716 2. *vol. in unum in fol. veau.*

Gasparis Barthi adversariorum commentariorum libri LX antiquitatis tàm gentilis quàm christianæ illustratæ *Francofurti* 1648. 2. *vol. in fol. veau.*

Historia Julia, sive Syntagma Heroicum auctore Reinerio Rainuccio Steinhemio. *Helmenstadii* 1594 3 *vol in fol. veau.*

Historia Saracenica arabicè olim exarata à Georgio Elmacino, & latinè reddita operâ & studio Thomæ Erpenii *Lug. bat. ex Typographiâ Erpenianâ* 1625 *in fol. veau*

Bibliotheca scriptorum Societatis Jesu, à Nathanaele Sothuello ejusdem Sociét. *Romæ* 1676 *in fol. bas.*

Nicolai Baccetii Florentini Septimianæ historiæ lib. VII editor frater Malachias d'Inguimbert. Carpen. *Romæ* 1724. *in fol. bas.*

Ægidii Bucherii Attrebatis é Soc. Jesu Belgium Romanum Ecclesiasticum & civile *Leodii* 1656 *in fol. veau.*

Caroli Sigonii historiarum de Regno Italiæ lib. XV. *Francofurti ad mænum* 1575. *in fol. veau*

Historiarum Procopii græ. libri VIII. *August. vindel.* 1607 *in fol. veau.*

Appiani Alexandrini Romanarum historiarum lib. V. græ. curâ & studio Caroli Stephani *Lutetiæ* 1551 *in fol. veau*

Hug. Robinsonii annalium mundi Tomus unicus *Londini* 1677. *in fol. veau.*

Dionis Cassii historiæ Romanæ lib. XLVI. studio Joannis Leunclavii cum notis Rob. Stephani & aliorum *Hanoviæ* 1606. *in fol. veau.*

Onuphrii Panvini Reipublicæ Romanæ comment. *Francofurti* 1597 *in fol. bas.*

Onomasticon historiæ Romanæ Joanne Glandorpio auctore , edente Reinerio Reineccio *Francofurti* 1589 *in fol. baf.*

Corpus Francifcæ hiftoriæ veteris & finceræ *Hanoviæ* 1613 *in fol. baf.*

Polybii Megalopolitani hiftoriarum pars prima græ. pars 2. lat. *Bafileæ* 1549 *in fol. baf.*

Dionis Caffii Romanarum hiftoriarum lib. XXV. græ. lat. ex Guilielmi Xylandrii interpretatione excud. *Henricus Stephanus* 1592 *in fol. baf.*

Onuphrii Panvini faftorum libri V à Romulo ufque ad Carolum V Imp. *Venetiis* 1558 *in fol. baf.*

Notitia utraque tum orientis tum occidentis ultra Arcadii Honoriique tempora. *Bafileæ* 1552 *in fol. velin.*

Ottonis Epī Frigingenfis chronicon *Bafileæ* 569 *in fol. veau.*

Chronicon Abbatis Vefpergenfis 1537. *in fol. baf. jaune.*

Joannis Cufpiniani de Confulib. Romanorum commentarii *Francofurti* 1601 *in fol. veau.*

Herodoti Halicarnaffei hiftoria græ. lat. excud. *Henricus Stephanus* 1570. *in fol. velin.*

Titi Livii Patavini hiftoria *Bafileæ* 1549. *in fol. baf. jaune.*

Chronicon catholicum contextum ab Edvardo Simfonio *Oxoniæ* 1652. *in fol. veau.*

Gerardi Joannis Voffii de Theologiâ gentili & Phifiologiâ chriftianâ liber , accedit R. Mofis maimonidæ liber de Idolatriâ , cum notis Dionifii Voffii editio nova auctior. *Amftelod. Blaeu* 1668. *in fol* 2. *vol veau.*

Hiftoriæ Byfantinæ fcriptores tres græ. lat. *Coloniæ Allobrogum* 1615 *in fol. velin.*

Bibliotheque de Duverdier *où l'on a fuppléé à la main quelques écrivains qui manquoient in fol. velin.*

Joannis Meurfii hiftoria dunica & belgica *Amftelod* 1638. *in fol veau*

Notitia Imperii Romani & in eam Guidi Panciroli commentarium. *Lugduni* 1608 *in fol veau.*

Xenophontis opera græ. *Bafileæ* 1569 *in fol. baf.*

Annales de Bourgogne par Guillaume Paradin *à Lyon Ant Gryphius* 1566 *in fol. baf.*

Chronique de Froiffart. *Paris* 1530 *in fol. baf.*

Historia Francorum ab anno DCCCC. ad annum MCCLXXXV. *Francofurti* 1591 *in fol.*

Joannis Boccatii de Genealogiâ Deorum lib. XV. *Basileæ* 1512 *in fol. bas.*

Alexandri Donati é Societate Jesu Roma vetus & recens. *Amstelod.* 1695. *in* 4. *veau.*

La historia D. Italia di M. Francisco Guicciardini 1645. *in* 4. *bas.*

Tresor de recherches & antiquités Gauloises & Françoises par Pierre Borel. *à Paris* 1655. *in* 4. *bas.*

Caroli Paschalis de Coronis lib. *Parisiis* 1610. *in* 4. *bas.*

Diogenis Laertii de vitis dogmatis & apophtegmis clarorum Philosophorum lib. X græ. lat. cum fig. versionem ampliavit & emendavit Marcus Maibonius 1692. *in* 4. 2. *vol. bas.*

Historia Philosophiæ, auctore Thoma Stanleio. *Lipsiæ* 1711 2. *vol. veau.*

Æliani variæ historiæ græ. lat. cum notis Conradi Gesneri & aliorum. & cum interpretatione latinâ justi Vulterii curante Abrahamo Gronovio *Lugd. Bat.* 1731 2. *vol. in* 4. *veau.*

Æliæ Aristidis opera omnia græ. lat. cum notis plur. eruditorum quibus suas adjecit Samuel Jebb. *Oxonii* 1722. *in* 4. 2. *vol. veau.*

Suetonis Tranquilli de XII Cæsaribus lib. Isaacus Casaubonus recensuit. *Genevæ* 1605. *in* 4. *b.s.*

Polybii Diodori Siculi, nicol. Damasceni, dionisii Halicarnassei, Appiani Alexandrini, Dionis & Joannis Antiocheni excerpta. Henricus Valesius græcé edidit, latiné vertit cum notis. *Parisiis* 1634. *in* 4.

Procopi Cæsariensis arcana histor. græ. lat. *Lugduni* 1623 *in* 4. *vel.*

Joannis Alberti Fabricii Bibliographia antiqueria edit. 2. *Hamburgii & lipsiæ* 1716. *in* 4. *veau.*

Joannis Alberti Fabricii Bibliotheca græca. *Hamburgii* 1708 *XIV. vol. in* 4. *veau.*

Theodori Methochitæ historiæ Romanæ liber singularis

græ. lat. Joannes Meursius lat. transtulit *Lugd. bat.* 1618. *in* 4. *vel*

Les œuvres de feu Mr. Claude Fauchet *Nouvelle édition* 1610. *in* 4. *veau.*

Dictys Cretensis & dares Phrygius de bello & excidio Trojæ cum interpret annæ Daceriæ cum notis erudit. & Jacobi Perizonii. *Amstelod.* 1702. *in* 4. *veau.*

Jacobi caroli Spencer notitia Germaniæ antiquæ. *Halæ magdeburgicæ* 1717. *in* 4. *veau.*

Periplus Scylaci Garyandensis cum translatione Isaaci Vossii græ. lat. *Amstelod.* 1639. *in* 4. *veau.*

Joannis Baptistæ Casalii de prophanis & sacris veteribus ritibus opus: *Francofurti hannoveræ* 1681 *in* 4. *veau.*

Anastasii historiæ de vitis Romanorum Pontificum. *Moguntiæ* 1602. *in* 4. *p.*

Octavii Ferrarii analecta, de re vestiaria. *Patavii* 1670. *in* 4. *vel.*

De vita & moribus Epicurii libri octo auctore Petro Gassendo. *Lugduni* 1647. *in* 4. *vel.*

Polybii Megalopolitani selecta de legationibus græcé. *Antverpiæ* 1582. *in* 4. *vel.*

Auctores latinæ linguæ in unum redacti cum notis dionisii Gothofredii. *S Gervasii* 1602. *in* 4. *vel.*

Les Commentaires de Jules Cæsar de la version de Blaise de Vigenere. *Paris.* 1605. *in* 4. *vel.*

Historicorum Burgundiæ conspectus. *Divione* 1689. *in* 4. *vel.*

Joannis Jacobi Chifletii Vesontio Civitas plurimis hist. monumentis illustrata. *Lugduni* 1650. *in* 4. *vel.*

Aurelii Cassiodoris variarum lib. XII. & chronicon cum notis Guilhelmi Fornerii *Parisiis* 1583. *in* 4. *p.*

Jacobi Gutherii de veteri jure, Pontificio urbis Romæ lib. IV. *Parisiis* 1612. *in* 4. *vel.*

Jacobi Gutherii de jure Manium lib. III. *Parisiis* 1615. *in* 4. *vel.*

Constantini Manassis annales græ. lat. *Lugd. Batt.* 1606. *in* 4. *p.*

Scip. Maffei Istoria diplomatica in Mantovā 1727. *in eod. vol. sunt annales Thucididei & Xenophontei per dodwel. Oxonii* 1711. *in* 4. *veau*

Des antiquités de la maison de France & des maisons meroving'enes & carliences par G. C. Legendre marquis de St. Aubin. *Paris.* 1739. *in* 4. *veau*.

Des antiquités de la nation & de la Monarchie françoise par le même. *à Paris.* 1741. *in* 4. *veau*.

Ammiani & Marcellini rerum gestarum lib. XVIII. ab Henrico Valesio annotationibus illustr. *Parisiis Camusat.* 1646. *in* 4. *veau*.

Recueil des Rois de France par Mr. du Tillet. *Paris* 1657. *in* 4. *veau*.

Caii Suetoni Tranquilli opera, Carolus Patinus notis & numismatibus illustravit. *Basileæ* 1675. *in* 4. *veau*.

Gerardi Joannis Vossii de historicis græcis lib. IV. *Lugd. Bat.* 1510. *in* 4 *veau*.

Philippi Labbei Soc. Jesu nova Bibliotheca MSS. libror. *Parisiis* 1653. *in* 4. *p*.

Gerardi Joannis Vossii de historicis latinis lib. III. *Lugd. Bat. ex officinā Elzevirianā* 1617. *in* 4 *vel*.

Georgii Hornii historiæ philosophicæ lib. VII. *Lugd. Bat. Elzevirs.* 1655. *in* 4. *veau*.

Antiquæ musicæ auctores græ. lat. cum notis Marci Meibonii & cum fig. *Amstelod.* 1952. *in* 4. *veau*.

Laurentii Pignorii mensa Isiaca, necnon Philippi Tomasini manus ænea &c. *Amstelod.* 1669. *in* 4. *veau*.

Historia christiana Imperatorum & Consulum cum notitiā Magistratuum Imp. & notitiā Provinciarum auctore Petro Ægidio Laccari Soc. Jesu. *Claromonti* 1675. *in* 4. *velin*.

Historia Religionis veterum Persarum eorumque Magorum cum fig. auctore Thoma Hyde. *Oxonii* 1700. *in* 4. *veau*.

Nicetæ Coniatæ Imperii græci historia græ. lat. 1593. *in* 4. *p*.

De antiquo statu Burgundiæ liber per Guillelmum Paradinum. *Lugd.* 1541. *in* 8. *p*.

Hesiodi Ascræi opera græ. *Venetiis* 1537. *in* 4. *p*.

Notizzia de libri rari nella lingua italiana. *in Londra* 1726. *in* 8. *baſ.*

Guillelmi Neubrigenſis Angli de rebus anglicis lib. V. cum notis Joannis Picardi. *Pariſiis* 1610. *in* 8. *baſ.*

L. Annæi Flori Epitome rerum Romanarum cum integris Salmaſii, Freinshemii, Grævii animadverſionibus recenſuit Carolus Andræas Dukerus. *Lugd. Bat.* 1722. *in* 8. *veau.*

Hadriani Valeſii defenſio notitiæ Galliæ & obſer. de anniſ Dagoberti. *Lut. Pariſiorum Cramoiſi* 1684. *in* 8. *veau.*

Hadriani Valeſii diſceptatio de Baſilicis, defenſio adverſus J. Launoy. 1660. 8 *veau. Pariſiis.*

De picturâ plasticé ſtatuaria libri duo auctore Julio Cæſare Bulingero Soc. Jeſu. *Lugduni* 1627. *in* 8. *veau.*

C. Salluſtii Criſpi quæ extant ex recenſione Gronovii cum variorum obſervationibus ab Antonio Thyſio coll. *Lugd. bat. ex off. HaKianâ* 1665. *in* 8. *veau.*

Heſiodi Aſcræi quæ extant græ. lat. cum notis Scaligeri, Heinſii, Guieti, & Clerici. *Amſtelod. huguet.* 1701. *in* 8. *veau.*

Cornelii nepotis vitæ excellent. Imperatorum cum notis Gebhardi, Ernſtii, & Boſii. curante Auguſtino van Staveren *Lugd. bat.* 1734. *in* 8. *veau.*

Prelectiones academicæ hiſtorices in ſcholâ Camdenianâ. *Oxonii* 1692. *in* 8. *veau.*

Iſtorie Florentine di nic Machiavel. *in* 12. *p.*

Annales Velleiani, Quintilianei, Statiani, ab Herico dod-Wello. *Oxonii* 1698. *in* 8. *veau.*

C. Velleius Paterculus cum ſelectis variorum notis. Ant. Thyſius edidit. *Lugd. bat. ex off. HaK.* 1659. *in* 8.

Titi Livii hiſtoriarum quod extat cum Gronovii & variorum notis Amſtelod. *Elzevirſ.* 1665. 3. *vol. in* 8. *mar. r. doré ſur tranche.*

J. Alberti Fabricii Bibliotheca latina mediæ infimæ ætatis. *Hamburgi* 1734. *in* 8. 5. *vol. veau.*

Eutropii Breviarium hiſtoriæ romanæ cum Pæoni metaphraſi græ. lat. *Oxonii* 1703. *in* 8. *veau.*

Hiſtoire du Regne de Louïs XIV. par Limiers. *à Amſ-*

terdam 1720. *in* 4. 3. *vol. vcau*

Appiani Alexandrini Romanarum historiarum lib. græ. lat. Alexander Tollius emend. cum notis Henrici Stephani. *Amstelod. Janson.* 1670 2. *vol. in* 8. *vcau.*

Justini historiæ Philippicæ cum variis eruditorum commentariis curante Abrahamo Gronovio. *Lugd. bat. apud Th. Hak. in* 8. *vcau.*

Fragmenta historicorum collecta ab Antonio Augustino. *Antverpia* 1595. *in* 8 *p.*

Opuscula Petri de Marca Arch. Parif. *Parisiis* 1681. *in* 8. *vcau.*

C. Cornelii Taciti opera cum notis erud. J. Frid. Gronovius recensuit. *Amstelod. apud Elzivirium* 2. *vol. in* 8. *vcau.*

Biblioteca fayana á Gabriele Martin. *Parisiis* 1725. *in* 8. *vcau.*

Catalogue des livres du Maál d'Estrées. *Paris.* 1740 *in* 8. 2. *vol. vcau.*

Catalogus librorum Joannis Clerici. *Amstelod.* 1735. *in* 8. *vcau.*

Biblioteca anonimiana per andræum Moëtiens. *Haga com.* 1728. *br. in* 8.

Biblioteca exquisitissima per andr. Moëtiens 1732. *br.*

Bibliot. Bentesiana per albertum Bentes. *Amstel.* 1722. *vel. in* 8.

Joannis Petri Maffei é Societate Jesu hist. indica. *Lugduni* 1637. *in* 8. *p.*

De Regio Persarum principatu. *Parisiis* 1590. *in* 12. *p.*

Dionis Cassii historiæ romanæ lib. XLVI. *Francof.* 1592. *in* 8. *br.*

Historiæ Augustæ scriptores cum notis Ulrici Obrechti. *Argentorati* 1677. *in* 8. *vcau.*

Q. Curtii Rufi de rebus gestis Alexandri magni cum notis Mich. le Tellier Soc. Jesu. *London* 1705. *in* 8. *encart.*

Rerum Scotiarum historia auctore Georgio Buchanano Scoto. *Francofurti ad manum* 1638 *in* 8. *vcau.*

Del l'historia di Pietro Grovanni Capriata. *Genovæ* 1638 *in* 12. *p.*

Ex Mennone excerptæ historiæ græ. lat Henric. Steph. 1594. *in* 12. *veau.*

Casaubonus in Polybium. *Parisiis* 1617. *in* 12. *vel.*

C. Plinii Secundi de viris illustribus lib. *Parisiis ex off. Roberti Stephani* 1529. *in* 12. *p.*

Bibliotheque Britannique. *à la Haye* IX. *vol. in* 12. *veau.*

Biblioteca Hoendorfiana, *Hagæ com.* 1720. *in* 12. *b.f.*

Catalogue d'une Bibliotheque exquise. *à la Haye* 1711. *in* 12. *veau.*

Catalogue des livres de la Bibl. de Mr. de Caumartin Evêque de Blois. 1734. *in* 12. *veau.*

Famianus Strada Soc. Jesu. de bello Belgico. *Roma* 1648 *in* 16. 2. *vol. veau.*

Diogenii Laercii de vitis Philosophorum L. X. græ. lat. *Henricus Stephanus excud.* 1570. *in* 12. *p.*

Hesiodi Ascreæ quæ extant, operâ & studio Cornelii Schrevelii græ. lat. *Amstel. typis Lud. & D. Elzeviriorum* 1657. *in* 12. *mar.*

Historia Mulierum Philosopharum scriptore Ægidio Menagio. *Lugduni* 1690. *in* 12. *veau.*

Bibliotheque françoise de Mr. Sorel. *à Paris.* 1664. *in* 12. *baf.*

Bibliotheque Italique. *à Geneve* 1er. *volume en* 1728. *continuée les années suivantes jusques au* 18. *vol. in* 8. *encart.*

Historia de Gentibus septentrionalibus auctore Olao magno gotho Arch. Upsalensi. *Antverpiæ plant.* 1558. *in* 12. *p.*

Las obras y relationes de Antonio Perez Secret. d'Estado que fue del Rey Dom Philippe II. *in Genevrâ* 1654. *in* 8 *p.*

Carte militaire de France pour l'an 1740. *in* 8.

Observationes ad historias universales à Christoph. Arnoldo. *Norimbergæ* 1659. *in* 12. *baf.*

Martini Martinii Sinicæ historiæ decas. *Amstelod.* 1659. *in* 12. *baf.*

Jacobi Perizonii animadversiones historicæ. *Amstelod.* 1685. *in* 12. *baf.*

Panthæum mysticum editio 3a. 1675. *in* 12. *baf.*

Georgii Buchanani Scoti opera. 1594. *in* 12. *baf.*

La Bibliotheque de Dauphiné par Gui allard. *à Grenoble* 1680. *in* 12. *baſ.*

Abregé chronologique de l'hiſtoire romaine par du Verdier. *à Paris.* 1670. *in* 12. 8. *vol. baſ.*

Nouvelle Bibliotheque choiſie. *à Amſterdam* 1714. *in* 12. 2. *vol. baſ.*

Enchiridion Pomponi, *Jenæ* 1661. *in* 12. *baſ.*

Valerius Maximus de dictis & factis memorabilibus *in* 12. *baſ.*

Horatii Turſellini é Soc. Jeſu hiſtoriarum Epitome. *Rotomagi* 1681. *in* 12. *baſ.*

Juſtini ex Trogui Pompeii hiſt. extern. *Gryph.* 1548. *in* 16. *baſ.*

Appollodori Athenienſis de Deorum origine lib. *ex off. commellianâ* 1599. *in* 12. *vel.*

C. Suetonis Tranquilli XII. Cæſares cum notis Egnatii & Eraſmi. *Antverpiæ plantin.* 1574. *in* 12. *vel.*

Juliani Imperatoris opera omnia græ. lat. *Pariſiis* 1583. *in* 12. *vel.*

Jornandes Epūs Raven. de Gothorum rebus geſtis, cum notis Vulcanii *Lugd. bat. ex off. plant.* 1597. *in* 12. *vel.*

Salluſtii Criſpi hiſtoriarum lib. VI. à Lud. Carrione collecti. *Antverpiæ* 1573. *in* 12. *vel.*

Lucii ann. Flori rerum romanarum lib. cum notis Jani Gutherii. 1609. *in* 12. *p.*

Ant. Riccoboni Rhodigini de hiſtoriâ commentarius. *Venetiis* 1568. *in* 12. *p.*

Marci Antonini Imperatoris de vitâ ſuâ lib. XII. græ. lat. *Lugd.* 1626. *in* 12. *baſ.*

Antiquæ hiſtoriæ ex XXVII. auctoribus collectæ opera dioniſii Gothofredi. *Argentorati* 1604. *in* 12. *vel.*

Hiſtoriæ Remenſis lib. auctore Flodoardo. *Duaci* 1617. *in* 8. *velin.*

Annales & hiſt. Francorum ex Bibl. Pithæi. *Francofurti* 1594. *in* 8. *vel.*

Hiſtorie di Marco Guazzo. *in Venetiâ* 1549. *in* 12. *vel.*

Sexti Aurelii victoris hiſt. romanæ Breviarium cum notis

Scoti. *Antverpiæ plant.* 1579. *in* 12. *velin.*

Alberti Petrii Paul F. Rubonni diſſertatio de virâ Fl. Mallii Theodori. *Ultrajecti* 1694. *in* 16. *veau.*

Joh. Kirmanni de annatis liber. *Lugduni bat. apud Hac-kios* 1671. *in* 12. *baſ.*

Chriſtophori Sandii notæ & obſervationes in Ger. joannis Voſſii libros III. de hiſtoricis latinis. 1677. *in* 12. *veau.*

Nicolai Cl. Fabr. de Peyreſc vita per petrum Gaſſendum *Hagæ comit.* 1651. *in* 16. *baſ.*

Lucii ann. Flori rerum romanarum liber. *Geneva in* 12. *baſ.*

Anſelmus Solerius de Pileo, 1671. *Amſtelodami in* 12. *mar. r.*

Criſpi Salluſtii D. L. Sergii Catilinæ contin. *apud Gryph.* 1547. *in* 16.

C. Julii Cæſaris quæ extant ex emend. joſephi Scaligeri. *Trajecti ad Rh.* 1718. *in* 16. *veau.*

Dictis Cretenſis de bello Trojano. *Amſtelod. Blaeu.* 1630. *in* 16. *veau.*

Legatio Imp. Cæſaris Manuelis Commeni Aug. ad Armenios græ. lat. *Baſileæ* 1578. *in* 8. *vel.*

CHRONOLOGIE.

Joſephi Scaligeri opus de emendatione temporum *Coloniæ Allobrogum* 1629. *in fol. veau.*

Dioniſii Petavii é Societate Jeſu opus de doctrinâ temporum. *Lutetiæ Pariſ.* 1629. *in fol.* 2. *vol. veau.*

Uranologium ſive Syſtema variorum auctorum curâ & ſtudio dioniſii Petavii Soc. Jeſu. *Lutetiæ Pariſ.* 1630. *in fol. veau.*

Chronologæ reformatæ auctore Jo. Baptiſtâ Ricciolo Soc. Jeſu Tomus primus. *Bononiæ* 1669. *in fol.*

Judæorum annus Lunæ ſolaris & Turc-arabum annus meré lunaris. *Groningæ* 1630. *in fol. encartonné.*

Joannis Funcii Chronologia. *Vitebergæ* 1601. *in fol. veau.*

Chronicus Canon ægyptiacus, Hebraicus, Græcus, & diſquiſitiones D. joannis Marshami. *Londini* 1672. *in fol.*

Ægidii Bucherii é Societate Jesu de doctrinâ temporum commentarius. *Antverpia* 1634. *in fol. vel.*

De veteribus Græcorum romanorum Cyclis ab Henrico Dodvvello. *Oxonii* 1701. *in* 4. *veau.*

L'antiquité des tems retablie & défendue par Dom Pesron. *à Paris* 1687. in 4. *veau.*

De Kalendario & Cyclo Cæsaris auctore Francisco Bianchino *Romæ* 1703. *in* 4. *veau.*

Wilhelmi Langi de annis Christi lib. duo. *Lugduni bat.* 1649. *in* 4. *veau.*

Kalendarium Hebraicum opera Sebastiani Munsteri. *Basileæ* 1527. *in* 4. *vel.*

Epochæ celebriores astronomicis historicis chronologicis. Chataiorum, Syro-græcorum, Arabum, Persarum, Chorasmiorum usitatæ. eas primus recensuit & comment. illustravit Joannes Grævius. *Londini arabicè, latinè,* 1650. 4. *velin.*

Diatriba chronologica Joannis Marshami. *Londini* 1649. *in* 8. *veau.*

Dissertationes de Cyclis paschalibus. *Amstelod.* 1736. *in* 4. *veau.*

Observationes in prosperi Aquitani chronicon integrum & in anonismi Cyclum á muratorio edit. necnon in anonimi à Bucherio edit. *Amstelod.* 1733. *in* 4. *veau.*

La Chronologie des anciens Royaumes corrigée, traduite de l'Anglois de Neuton. *Paris* 1728. *in* 4. *veau*

Joannis Pearsonii opera postuma chronologica &c. quibus præfiguntur annales Paulini, edenda curavit H. dodvvellus *Londini* 1688. *in* 4. *veau.*

Imp. Cæs. Augusti temporum notatio genus & scriptorum fragmenta græ. lat. curante J. Alberto Fabricio. *Hamburgi* 1727. *in* 4. *veau*

Lud. Cappelli Chronologia sacra. *Parisiis* 1655. *in* 4. *V.*

Commentarius in Rusname Naurus, sive Tabulæ æquinoctiales novi Persarum & Turcarum anni Augusti. *Vindel.* 1676. in 4. *veau.*

De vero anno quo æternus Dei Filius humanam naturam

sumpsit. joann. Kupleri Math. commentarius. *Francofurti* 1614. *in* 4. *veau.*

Samuelis Petiti Eclogæ chronologicæ. *Parisiis* 1632. *in* 4. *veau.*

Thomæ Lydiati canones chronologici necnon series summ. Magistratuum Rom. *Oxonii* 1675. *in* 8. *p.*

D Ægidii Strauchii Breviarium chronologicum editio sexta. *Lipsiæ* 1708. *in* 8. *veau.*

J. Seldenus de anno civili veterum Judæorum & Jac. Usserius de Macedonum & Asianorum anno solari. *Lngd. bat. Petr. Varder Aa.* 1683. *in* 12. *veau.*

Défense du Texte Hebreu, & de la Chronologie de la Vulgate contre l'antiquité des tems, rétablie par Dom jean Martianay. *Paris.* 1689. *in* 12. *veau.*

Défense du Texte Hebreu & de la version vulgate contre le susdit livre par le P. le Quien de l'Ordre des Prêcheurs *Paris* 1690. *in* 12. 2. *vol. veau.*

Jani Templum Christo nascente reseratum seu Tractatus chronologico historicus auctore joanne Masson. *Roterdami* 1700. *in* 12. *veau.*

Dionisii Petavii Soc. Jesu. rationarium temporum. *Paris.* 1671. *in* 12. 2. *vol. veau.*

Emendatio temporum auctore Thomâ Lydiat. Anglo. *Hagæ comitis* 1654. *in* 12. *veau.*

MEDAILLES, INSCRIPTIONS, ANTIQUITÉS.

Novus Thesaurus veterum inscriptionum collectore Ludovico Antonio Muratorio. *Mediolani* 1739. 3. *vol. in fol. veau.*

Museum Etruscum edit. ab Antonio Francisco Gorio. *Florentiæ* 1737. 2. *vol. in fol. veau.*

Numismata Imperatorum Romanorum opera D. Anselmi Banduri. *Lutetiæ Parisiorum* 1718. 2. *vol. in fol. veau.*

Imperatorum Romanorum numismata per Carolum Patinum *Amstelodami* 1697. *in fol. veau.*

Ezechielis Spanhemij dissertationes, de præstantiâ & usu numismatum antiquorum. *Londini* 1706. 2. *vol. in fol. veau.*

Imperatorum Romanorum numismata ab Adolpho Occone, & illustr. à Francisco Mediobarbâ. *Mediolani* 1730 *in fol. veau.*

Jani Gruteri corpus inscriptionum, ex recensione & cum annotationibus Gebigii Grævii. *Amstelod.* 1701. 2. *vol. in fol. veau.*

Verona illustrata. *in Veronâ* 1732. *in fol. veau.*

Thomæ Reinesii Syntagma inscriptionum antiquarum quarum omissa est recensio in Jani Gruteri operâ. *Lipsiæ & Francofurti* 1682. *in fol. van.*

Antiqua numismata maximi moduli ex museo Alexandri Card. Albani à Rodulph. Venuto notis illustr. *Roma* 1739. *in fol. veau.*

Onuphrii Panvini antiquitatum veronensium libri VIII. 1647. *in fol. veau.*

Onuphrii Panvini veronensis de ludis circensibus liber. *Venetiis* 1600. *in fol. vel.*

Marmorum Arundellianorum, Seldenianorum liber. *Londini* 1732. *in fol. veau.*

Roma subterranea novissima op. & studio pauli Alringhi Romani. *Lutet. Paris.* 1659. *in fol. veau.*

Inscriptiones à Marquardo Gudio collectæ, nuper a joanne Krolio digestæ, nunc à Francisco Heisselio editæ. *Leovardiæ* 1731. *in fol. veau.*

Numismata Imperatorum ærea, auctore Jo. Foy Vaillant *Parisiis* 1695. *in fol. veau.*

Marmora Pisaurensia notis illustrata. *Pisauri* 1738. *in fol. veau.*

Gotha nummaria sistens Thesauri Fridericiani numismata antiqua ex ratione descripta auctore christiano Sigismundo Liebe &c. *Amstelod.* 1730. *in fol. veau.*

Monumenta Patavina Sertarii Ursati studio. *Patavi* 1653 *in fol. bas.*

Numismata Imperatorum Augustorum & Cæsarum per J.

Vaillant. *Amstelodami* 1700. *in fol. veau.*

Historia Ptolemæorum Ægypti Regum per Joan. Vaillant *Amstelod.* 1701. *in fol. veau.*

Seleucidarum Imperium sive historia Regum Syriæ per Joannem Vaillant, *Hagæ comit.* 1732 *in fol. veau.*

Epitaphium Severæ Martyris illustratum. *Panormi* 1734. *in fol. veau.*

Raphaëlis Fabreti de columnâ Trajani Syntagma. *Romæ* 1683. *in fol. veau.*

Antiquitates asiaticæ christianam æram antecedentes per Edmundum chisull. *Londini* 1728. *in fol. veau.*

Antiquitates conviviales auctore Jo. Guillelmo Stuckio. *Francofurti* 1613. *in fol. veau.*

Raphaelis Fabreti inscriptionum antiquarum explicatio. *Romæ.* 1702. *in fol. veau.*

Jo. Baptistæ Donii Patricii Florentini inscriptiones antiquæ. *Florentiæ* 1731. *in fol. veau.*

Goltzii Fasti consulares. *Antverpia ex officinâ plantiniana* 1645. 5. *vol. in fol. vel.*

Discours sur la castrametation & discipline militaire des Romains par Guillaume Duchoul. *Lyon* 1555. *in fol. bas.*

De Diis gentium sive Syntagma XVII. Lilio Guraldo auctore. *Lugduni* 1565. *in fol. vel.*

Fasti & Triumphi Rom. à Romulo usque ad Carol. V. *Venetiis* 1557. *in fol. veau.*

Gentium & familiarum romanarum stemmata apud Henricum Stephanum 1559. in fol. veau.

Marmor Pisanum de honnore Bisellij cum patergo de veterum sellis & Synopsi de re donatica antiquorum, nec non epistola de muscis odoris pisanis auctore Valerio Chimentellio, *Bononiæ* 1666. *in 4. veau.*

Octavij Ferrarij de re vestiariâ Libri VII. *Patavij* 1685. *in 4. cum fig. veau.*

Alberti Rubeni de re vestiariâ veterum præcipuè de lato clavo lib. duo. *Antverpiæ* 1665. *in 4. cum fig.*

Lettre sur le pretendu Solon des Pierres gravées explication d'une Medaille d'or de la famille Cornuficia par Bandelot, *Paris* 1717. *in* 4. *veau.*

Phillippe Berteri Pithanon diatribæ duæ quibus civilis Imperii Romani notitia & ecclesiæ politia illustrantur *Tolosæ* 1608. *in* 4. *veau.*

Vetera Romanorum itinera sive Antonini Augusti itinerarium curante Petro Vesselingio *Amstelodami* 1735. *in* 4. *V.*

Traité historique des Monoyes de France dépuis le commencement de la Monarchie jusqu'en 1689. par françois le Blanc avec fig. *Paris* 1690. *in* 4. *veau.*

Marmora Falsinea à Carolo Cæsare Malvasia. *Bononiæ* 1690. *in* 4. *bas.*

Justi Fontanini de antiquitatibus Hortæ Coloniæ Etruscorum lib. III. cum fig. *Romæ* 1723. *in* 4.

Del Tesoro Britannico Overo il museo nummario, Delin, & descritte da nic, Francesco Haym Romano. *in Londrâ* 1719. 2. *vol. in* 4. *veau.*

Arsocidarum Imperium sive Regum Partharum historia per J. Foy Vaillant cum fig. *Parisiis* 1725. *in* 4. 2 *vol. veau.*

Theophili Sigefredi Bayeri historia Orshoena & Edessena ex nummis illustrata. *Petropoli* 1734. *in* 4. *veau*

Explication de divers monuments singuliers qui ont rapport à la Réligion des plus anciens peuples par un Rel. Bened. de St. Maur. Paris 1739. in 4. veau.

Galliæ antiquitates quædam selectæ atque in plures epistolas distributæ. *Parisiis* 1733. *in* 4. *veau.*

Selecta numismata antiqua ex museo petri Seguini. *Lutet. Parisiorum* 1684. *in* 4. *veau.*

Numismata Imp. Romani præstantiora per Joannem Vaillant *Lut. Paris.* 1692. *in* 4. 2. *vol. veau.*

Primordia Corcyræ post editionem lyciensem anni 1725. ab auctore nuperrime recognita *Bixiæ* 1738. *in* 4. *veau.*

Petri Burmanni vectigalia populi romani *Leidæ* 1734. *in* 4. *veau.*

Dissertation du P. Chamillart de la C. de Jesus sur plusieurs medailles. Paris 1711. in 4. veau.

Illustrium imagines ex antiquis marmoribus numismatibus & gemmis expressæ. *Antverpiæ* 1599. *in* 4. *veau.*

Joh. Frederici Gronovii de Sextertiis, seu subcecivorum pecuniæ veteris græcæ & romanæ lib. IV. *Lugd. bat.* 1691. *in 4. veau.*

Pauli Petavii antiquariæ superlectilis portiuncula. *Parisiis* 1610. *in 4. veau.*

Reflexions sur les plus anciennes medailles d'or Romaines. *Paris* 1720 *in 4. veau.*

Numismatum antiquorum Sylloge. *Londini* 1708. *in 4. v.*

Cl. Salmasii de re militari Romanorum liber. *Lugd. bat. Elzevirs* 1657. *in 4. veau.*

Joannis Vignoli Petilianensis de columnâ Imp. Antonini Pii dissertatio. *Romæ* 1705. *in 4. veau.*

Monumenta veteris Antii auctore Philippo à Turre. *Romæ* 1700. *in 4. veau.*

Antiquitatum romanarum corpus J. C. Scotto auctore. *Genevæ* 1602. *in 4. bas.*

Nicolai Gruch. de comitiis Romanorum lib. III. *Lutetiæ apud Vascosan* 1555. *in 4.*

Historiæ rei nummariæ veteris scriptores aliquot insigniores cum Bibliotecâ nummariâ Adami Rechenbergi. *Lipsiæ* 1692. *in 4. vel.*

Joannis Meursii Regnum Atticum lib. III. *Amstelod. apud J. Jansonium* 1633. *in 4. bas.*

Joannis Meursij de Regno Laconico lib. duo de piræco, *Ultrajecti* 1687. *in 4. bas.*

Joannis Meursij Creta, Rhodus, Chiprus Commentarij postumi, *Amstelod. apud Abrah. Wolfangum* 1675. *in 4. V.*

Suplementum historiæ dynastiarum a Gregorio Albufarasij, ab Edwardo Pocokio, *Oxoniæ* 1663. *in 4. veau.*

Recüeils des Dissertations du P. Souciet de la Compagnie de Jesus sur la Chronologie & sur les Medailles 1727. *in 4. V.*

Recüeil de Pierres gravées antiques, *à Paris chez Mariete* 1722. *cum fig. in 4. grand pap.*

Osservationi Istoriche sopra alcuni Medaglioni Antichi a Filippo Buonarroti, *in Romæ* 1698. *in 4. veau.*

De Annis Imperij M. Aurelij Antonini Elagabali &c. ad nummum Anniæ Faustinæ Dissertatio apologetica, *Pata-*

D

vii 1713. in 4. 2. vol.

Alexij Symmachi Mazochij in Mutilum Campani amphiteatri titulum Commentarius, *Neapoli* 1737. in 4. velin.

Antiquæ Tabulæ marmoreæ accurata explicatio auctore H. Alexandro. *Lut. Parif.* 1617. in 4. vel.

De Romanorum gentibus & familiis scriptores duo Antonius Augustinus & Fulvius Ursinus ed. *Lugduni* 1592. in 4. velin.

Agonisticon Petri Fabri de re attetica ludisque veterum tractatus cum fig. *Lugduni* 1592. in 4. vel.

Joannis Macarii Abraxas seu Apistopistus quæ est de gemmis Basilidianis disquisitio, in eodem vol. continentur Jos. Bismardi de gente didia & Alexandri Xaverii Panetii é Soc. Jesu de Cistophoris. *Differ.* in 4. veau.

Justi Lipsi de vestâ & vestalibus Syntagma cum fig. *Antverpiæ ex off. plant.* 1609. in 4. vel.

Marmora arundelliana cum commentariis Joannis Seldeni. *Londini* 1628. in 4. vel.

Thesaurus selectorum numismatum antiquorum auctore Jacobo Oiselio cum fig. *Amstelodami* 1687. in 4. veau.

Joannis Harduini é Societ. Jesu de nummis antiquis col. & mun. cum fig. *Parisiis* 1689. in 4. veau.

Antiquitates Neomagenses à Joanne Smetio cum fig. *Noviomagi bat.* 1678. in 4.

Joannis Schefferi de militiâ navali veterum lib. IV. *Ubsaliæ* 1654. in 4. veau.

Hyginus & Polybius de castris Romanorum cum fig. *Amstelod.* 1660. in 4. veau.

Inscriptiones Atheticæ ab octava Falconerio cum fig. *Romæ* 1668. in 4. veau.

Joannis Schefferi de re vehiculari veterum lib. duo. *Francofurti* 1671 in 4. veau.

P. Chrisostomi Hantaler exercitationes de nummis veterum. *Norimbergæ* 1735. in 4. veau

Othonis Sperlingii dissertatio de nummis non cusis: tàm veterum quàm recentiorum. *Amstelod.* 1700. in 4. velin.

Imperatorum Romanorum numismata à Pompeio magno ad Heraclium per Adolphum Occonem. *Aug. Vind. in 4. 1601. veau.*

Dionis Nicei rerum romanarum epitome græcé. *Lutetiæ ex off. Roberti Stephani 1551. in 4. vel.*

Discours sur les annales antiques par Loüis Savot Médecin. *Paris Cramoisi 1627. im 4. vel.*

Roma antica di Famiano Nardini. *Roma 1666. in 4. vel.*

Antonii Vandale dissertationes IX. antiquitatibus & moribus inservientes cum fig. *Amstelod. 1702. in 4. veau.*

Discorso di M. Sebastiano Erizzo sopra li Medaglie de Gli Anrichi. *in Venetia in 4. vel.*

Raphaelis Fabreti de aquis & aquæductibus dissertationes tres. *Romæ 1680. in 4. veau.*

Lucæ Pacti Jurisc. de mensuris & ponderibus romanis & græcis liber cum fig. *Venetiis 1573. in 4. veau.*

Electa rei nummariæ sive selectæ dissertationes christian Voltereck. *Hamburgi 1709. in 4. veau.*

Rei agrariæ auctores legesque variæ cum Willelmi Goesi una cum Nicolai Rigalti notis. *Amstelod. 1674. in 4. veau*

Thesaurus rei antiquariæ per Hubertum Golzium. *Antverpia Plantin. 1579. in 4. vel.*

Varias antiquidades de Espanna Africa y ostras Provincias por el Doctor Bernard Aldrete. *en Emberes an. 1614. in 4. vel.*

Petri Relandi Fasti consulares. *Trajecti bat. 1715. in 8. V.*

Leo Allatius de Templis Græcorum. *Coloniæ agrippina 1645. in 8. veau.*

Dorvilii critica vanus in inanes Joannis Cornelii Pavanis paleas. *Amstel. 1737 in 8. vel.*

Specimen universæ rei nummariæ antiquæ editor Andræas Morellius. *Lipsiæ 1695. in 12. veau.*

Petri Castellani de festis Græcorum Syntagma græ. lat. *Antverpia in 12. p.*

Elie Schedii de Diis Germanis Epigrammata quatuor. *Halæ 1728. in 8. veau.*

Les antiquités & récherches des Villes, Chateaux, &

Places les plus remarquables de la France. *Paris* 1629. *in* 8. *baſ.*

Antiquitates selectæ septentrionales & celticæ cum fig. auctore J. Georgio Keyſler. *Hanovriæ* 1720. *in* 12. *veau.*

Emundi Figrelii de ſtatuis illuſtrium Romanorum liber ſingularis. *Helmiæ* 1656. *in* 12. *baſ.*

Tobiæ Gutberlethi de Saliis martis Sacerdotibus apud Romanos liber ſingularis. *Frankeræ* 1704. *in* 12. *veau.*

Theod. Janſſonii ab Almeroven Faſtorum Romanorum conſularium lib. II. *Amſtel.* 1705. *in* 8. *veau.*

Sito & antiquita della citta di Pozzuolo del Signor Scipione Mazzello. *Napoli* 1666. *p. in* 12.

Willebordi Snelli de re nummariâ lib. ſingularis. *Amſtel.* 1635. *in* 12. *vel.*

Joannis Seldeni de Diis Syris Syntagma operâ Andreæ Beyeri. *Amſtel.* 1680. *in* 12. *mar.*

Traité des finances & de la fauſſe monnoye des Romains *Paris chez Briaſſon* 1740. *in* 12. *veau.*

Joannis Gaſp. Diſenſchmidi de ponderibus & menſuris veterum Romanorum, Græcorum, & Hæbreorum diſquiſitio nova cum fig. *Argentorati* 1708. *in* 12. *veau.*

Jacobi Perizonii origines Babylonicæ & Ægyptiacæ ed. 2. cum add. Car. Andreæ Dukeri. *Trajecti ad Rh.* 1736. *in* 12. *veau.*

Jacobi Perizonii Ægyptiarum originum inveſtigatio cum add. Hieronimi Van alphen. *Trajecti ad Rh.* 1736. *in* 12. *veau.*

Hiſtoire des Médailles par Charles Patin. *Paris Cramoiſi* 1695. *in* 12. *veau.*

Joannis Sauberti de Sacrificiis veterum conlectanea hiſtorico - philologica & miſcella critica cum notis Th. Crenii. *Jena* 1659. *in* 12. *mar.*

Les recherches du Sr. Chorier ſur les antiquités de la Ville de Vienne. *Lyon* 1659. *in* 12. *baſ.*

Bartholomei Baverini Syntagma de ponderibus & menſuris. *Lipſiæ* 1714. *in* 12. *encart.*

—— Inſcriptio Sigea antiquiſſima comment. cum notis Edmundi chishull. *Lug. bat.* 1727. *in* 8. *veau.*

Jacobi Gutherii de officiis domus Augustæ publicæ & privatæ lib. III. *Lipsiæ* 1672. *in* 12. 2. *vol. veau.*

Franc. Hottomanni Franco Gallia. 1574. *in* 12. *p.*

Joannis Meursii Arnobianus tributus in lib. VII. *Lugd. bat. Elzevir.* 1598. *in* 12. *p.*

Petri Bethaldi de Arâ Nunnetis lib. 1636. *in* 12. *vel.*

Ad Francisci Hottomanni Franco Galliam Antonii Matharelli responsio. *Lutetiæ* 1575. *in* 12. *p.*

Noctes Granzovianæ de antiquis Triumphis. *Amstel. Valkenier* 1661. *in* 12. *bas.*

Justi Rycquii de Capitolio Romano commentarius *Lugd. Bat.* ex off. Abraami & Adriani a Gasbeckhex. 1669. *in* 12. *bas.*

Notitia dignitatum Imperii romani Philippi l'Abbe é Soc. Jesu. *Parisiis ex typographiâ regiâ* 1651. *in* 12. *veau.*

Joannis Frederici Gronovii de sextertiis lib. *Amstelod. Elzevir. in* 12. *bas.*

Petrus Ciaconius de Triclinio, sive de modo convivandi apud Priscos romanos. *Amstelod.* 1664. *in* 16. *veau. cum figuris.*

Laurentii Pignorii de servis commentarius. *Amstel.* 1674. *in* 16. *bas.*

H. Savilius in Taciti histor. Agricolæ vitam comment. de militiâ romanâ. *Amstelod. Elzevir.* 1649. *in* 16. *p.*

Antiquitatum romanarum Pauli Manutii lib. de Legibus. *Parisiis* 1557. *in* 12. *p.*

Johannis Kirchmannii de funeribus Romanorum lib. *Lugd. bat. Hackios.* 1672. *in* 12. *veau.*

Nummi veteres Collegii Turnonensis Soc. Jesu. *Avenione Doumergue* 1731. *br.*

Observations sur les explications de quelques médailles de Tetricus le Pere & d'autres tirées du Cabinet de Mr. de Ballonfeaux. *à Caen* 1701. *in* 12. *veau.*

Marmora arundelliana publicavit & commentariolos adjecit Joannes Seldenus. *Londini* 1628. *in* 8. *vel.*

PHILOSOPHIE, MATHEMATIQUES, HISTOIRE NATURELLE.

C. Plinii secundi historiæ mundi libri cum notis Pintiani, Turneli, Scaligeri & Lipsi. *apud Petrum Santandreæ.* 1582. *in fol. p.*

C. Plinii secundi historiæ naturalis libri cum interpretatione & notis Joannis Harduini é Societate Jesu editio alia *Parisiis* 1723. *in fol.* 3. *vol. veau.*

Claudii Salmasii exercitationes in Solinum. *Trajecti ad Rhenum* 1689. 2. *vol. in fol. veau.*

Veterum Mathematicorum opera græ. lat. *Parisiis ex Typographia regiâ* 1693. *in fol. veau.*

Rodulphi Cudvvorti systema intellectuale hujus universi seu de veris rerum naturæ originibus commentarii. *Jenæ* 1733. *in fol.* 2. *vol. veau.*

L. Annæi Senecæ Philosophi & M. Annæi Senecæ Rethoris opera. *Lutetiæ Paris.* 1627. *in fol. bas. jaune.*

Vitruvii Pollionis de Architecturâ lib. X. *Amstel. apud Lud. Elzevirium* 1649. *in fol. veau.*

Sexti Empyrici opera quæ extant gr. lat. interpretibus Henrico Stephano & Gentiano Herveto *Aurelianæ* 1621. *in fol. veau.*

Platonis omnia opera græ. *Basileæ* 1534. *in fol. veau.*

Platonis opera cum lat. translatione Marcilii Ficini. *Basileæ* 1532. *in fol. veau.*

Libanii Sophistæ opera græco latina. *Parisiis* 1606. *in fol.* 2. *vol. veau.*

Caio Plinio secondo della historia naturale fig. *in venezia* 1534. *in fol. doré sur tranche.*

Traité physique & historique de l'aurore boreale. *par M. de Mairan* 1733. *in* 4. *veau.*

Tables astronomiques par Mr. de la Hire 3. édition. *Paris* 1735. *in* 4. *veau.*

La Méthode des fluxions & des suites infinies par le Chevalier Neuton. à *Paris chez Bure* 1740. *in* 4. *veau*

M. Manilii astronomicon per Mich. Fayum cum notis Petri Danielis Huetii in usum Delphini. *Parisiis* 1679. *in* 4. *v.*

Artemidori & Achmetis Oncirocritica seu de divinatione per somnia græ. lat. ex versione Jani Cornari cum notis nic. Rigaltii. *Lutetiæ* 1603. *in* 4. *vel.*

Aristotelis de animalium historiâ lib. X. græ. *Francofurti* 1587. *in* 4. *veau.*

Aristotelis varia opuscula græ. *Francofurti* 1587. *in* 4. *V.*

Aristotelis opera quæ extant græ. *Francof.* 1587 *in* 4. *veau.*

Aristotelis Ethicorum sive de moribus lib. X. græ. *Francofurti* 1584. *in* 4. *veau.*

Aristotelis de phisicâ lib. græ. *Francofurti* 1584. *in* 4. *veau*

Jamblici de vitâ pithagoricâ lib. notis illustratus à Ludovico Kustero. versionem græco textui adjunctam confecit Ulricus obrectus. *Amstelod.* 1707. *in* 4. *veau.*

Joannis Kepleri mathematici Eclogæ chronicæ. *Francofurti* 1615. *in* 4. *veau.*

Marci Manilii Astronomicon a Josepho Scaligero expurgat. *Argentorati* 1650. *in* 4. *vel.*

Jamblici Chalcidensis de vitâ Pithagoræ lib. græ. & lat. 1598. *in* 4. *vel.*

M. Vitruvius de Architecturâ & Sext. Julius Frontinus de Aquæductibus urbis Romæ 1550. *in* 4. *vel.*

Simplicii commentarius in Enchiridion Epicteti cum versione Hieronimi Volsii & Salmasii notis. *Lugd. bat.* 1640. *in* 4. *bas.*

Muhamedis fil Ketiri Ferganensis qui vulgo Alfraganus dicitur. Elementa astronomica arabicè & lat. *Amstelod.* 1669. *in* 4. *veau.*

Gerardi Joannis Vossii de quatuor artibus popularibus de Philologiâ & scientiis mathematicis lib. III. *Amstel. Blaeu in* 4. 1650. *veau.*

Æschinis Socratici Dialogi III. græ. lat. ex versione & cum notis Joannis Clerici cujus accedunt Silvæ philologicæ. *Amstel.* 1711. *in* 8. *veau.*

Prælectiones astronomicæ à Guillelmo Wiston. cum tabulis aftronomicis &c. *Cantabrigiæ* 1707. *in* 8. *veau.*

La Trigonometrie Rectilingue & Spherique de Mr. Ozanam. *Paris Jombert* 1711. *in* 8. *veau.*

Nouveau Traité de toute l'Architecture par Mr. de Cordemoy. *à Paris* 1706. *in* 12. *veau.*

Philosophus in utramque partem authore Laurentio Duhan. *Parisiis* 1731. *in* 12. *baf.*

Aristotelis & Theophrasti scripta quædam græ. *ex officinâ Henr. Stephani* 1557. *in* 12. *p.*

Usage de l'Analyse De Descartes par Jean Paul de Gua de Malves. *Paris Briasson* 1740. *in* 12. *veau.*

Traité physique de Rohault. *Paris* 1680. *in* 12. 2 *vol.*

An. Manl. Sever. Boetii lib. V. consolationis Philosophiæ ejusque opuscula sacra author Renatus Vallinus. *Lugd. bat. apud Franc. Hackium* 1536. *in* 12. *veau*

Epicteti Stoici Philosophi Enchiridion cum Angeli Politiani interpret. græ. lat. 1595. *in* 12. *p.*

Varr. Columell. Palladii opera *Parisiis ex off. Roberti Stephani* 1543. *in* 12. *veau.*

Eunapius Sardianus de vitis Philosoph. & Sophistarum cum notis Andr. Scotti græ. lat. 1596. *in* 12. *vel.*

Aristoteles de plantis &c. græ. *Basileæ in* 12. *p.*

Eunapius Sardianus de vitis Philosoph. & Sophist. *Antverpiæ* græ. lat. *Plantin.* 1568. *in* 12. *vel.*

Porphyrii Philosophi Pithagorici De non necandis ad epulandum animalibus. *Lugd.* 1620. *in* 12. *vel. doré sur tranche.*

L. Apulei Madaurensis opera omnia. *Lugd. bat. ex off. Plant.* 1595. *in* 16. *p.*

GEOGRAPHES, COSMOGRAPHES, VOYAGEURS.

Philippi Cluverii Italia antiqua. *Lugd. bat. ex officinâ Elzevir.* 1624. *in fol. veau.*

Philippi Cluverii Sicilia antiqua. *Lugd. bat. Elzevir.* 1619 *in fol. vel.*

Philippi Cluverii Germania antiqua. *Lugd. bat. Elzevir.* 1616. *in fol. velin.*

Geographiæ & Hydrographiæ reformatæ lib. XII. auctore R. P. Joanne Baptistâ Ricciolo Soc. Jesu. *Bononiæ* 1661. *in fol. mar. r.*

De Italiâ medii Ævi dissertatio choregraphica edit. Soc. palatinâ curante. *in fol. veau.*

Theatrum Geographiæ veteris opera P. Bertii græ. lat. *Lugd. bat. typis Isaaci Elzevirii* 1618. *in fol. mar. r.*

Hadriani Valesii notitia Galliarum. *Parisiis* 1675. *in fol. veau.*

Pomponii Melæ de orbis situ. *Lutetiæ Parisiorum* 1530. *in fol. veau.*

Strabonis Geographia cum notis Casauboni & aliorum erudit. *Amstelod. græ. lat. apud J. Wolters* 1707. *2. vol. in fol. veau.*

Geographiæ sacræ pars prior Phaleg. auctore Samuel Bocharto. *Cadomi* 1646. *in fol. veau.*

Pausaniæ accurata Græciæ descriptio græ. *Francofurti* 1583. *in fol. veau.*

Strabo de situ orbis lat. *Venetiis* 1502. *in fol. veau.*

Claudii Ptolomæi opera græ. *Basileæ* 1538. *in fol. veau.*

Arriani historici & philosophi, Pontis Euxini & maris Erythræi Periplus. *Genevæ* 1577. *in fol. veau.*

Stephani Byfantini de Urbibus. collect. à Jacobo Gronovio. *Lugd. bat.* 1686. *in fol. veau.*

Geographia Nubiensis ex arabico in latinum versa à gabriele Stonita. *Parisiis* 1619. *in 4. veau.*

Diarium italicum à R. P. Bernardo de Montfaucon. *Parisiis* 1702. *in 4. volumen primum veau.*

Notitia orbis antiqui christophori Cellarii cum annot. Conradi Schovvarts 2. *vol. in 4. veau*

Dionisii Alexandrini & Pompon. Melæ situs orbis descrip. Æthici Cosmographi C. J. Solini Polyistor. *apud Henricum Stephanum* 1577. *in 4. veau.*

Pomponius Mela de situ orbis andr. Scottus recensuit. *Antverpiæ* 1582. *in 4. veau.*

Eratofthenes de terræ ambitûs verâ quantitate à Villebrordo Snellio fufcitatus. *Lugd. bat.* 1617. *in* 4. *vel.*

Geographiæ veteris fcriptores Græci minores cum interpretatione latinâ. *Oxoniæ* 1698. *in* 8. 2. *vol. veau*

Lucæ Hoftenii annotationes in Geographiam facram, Caroli à 'to. Paulo Italiam antiquam Cluverii & Thef. georg. Ortelii. *Romæ* 1666. *in* 8. *veau.*

Pomponii Melæ de fitu orbis curante Abraamo Gronovio. *Lugd. bat. ex officinâ Samuelis Kuchtmans* 1722. *in* 8. *baf.*

Anonymi Revennatis de Geographiâ lib. cum notis D. Placidi Pofcheron *Parifiis* 1688. *in* 8 *veau.*

Itinerarium D. Benjaminii cum verfione & notis. *Lugd. bat. ex off. Elzev.* 1633. *in* 12. *baf.*

Pharus Galliæ antiquæ à R. P. Philippo Labbe Soc. Jefu. *Molinis* 1644. *in* 12. *p.*

Geographiæ Poeticæ Lamberti Daneti opus 1580. *in* 12. *p.*

Conftantinus Porphyrogenet. Imp. de Thematibus partis Orientalis Imperij Fredericos Morellos interprete *Lutetiæ* 1609 *in* 12. *p.*

Itinerarium Antonini cum fragment. *apud Henricum Stephanum in* 16. *b.*

Geographica Marciani Scylacis Artemid. Diccearchi & Ifidori, edit. a Davide Hoefchelio *Augufti Vindet.* 1600. *in* 12. *p.*

GRAMAIRE DICTIONAIRE,

Etymologicou magnum feu Magnum Grammaticæ Penu operâ Friderici Sylburgij veter. *græ.* 1594. *ex typogr. Commeliana in fol. b. j.*

Commentaria linguæ græcæ auctore Guillelmo Budæo. 1529. *in fol. veau.*

Joannis Scapulæ lexicon greco latinum & Joannis Meurfij gloffarium, *Lugduni* 1663. *in fol. veau.*

Suidas nunc primum integer latinitate donatus *Colomniæ*

Allobrogum 1619. 2. *vol. in fol. b. & vel.*

Thresor de la Langue françoise par Ranconnet & Nicot. *Paris* 1606. *in fol. velin.*

Glossarium ad scriptores mediæ & infimæ Græcitatis auctore Carolo Dufresne du Cange. *Lugd.* 1688. *in fol.* 2. *vol. veau.*

Thesaurus græcæ Linguæ ab Henrico Stephano constructus. 4. *vol. in fol. veau.*

Glossarium ad scriptores mediæ & infimæ Latinitatis. 6. *vol. Parisiis* 1733. *in fol. veau.*

Ambrosii Calepini Dictionarium. *Lugduni* 1581. *in fol. b.*

Dictionaire Etymologique ou origines de la Langue françoise par Mr. Menage. *Paris* 1694. *in fol. veau.*

Camertis Lexicon græcum. *Basileæ in fol. bas.*

Cyrilli Phyloxeni aliorumque veterum Glossaria latino græca, & græco-latina à Carolo Labbeo collecta. *Lutet. Paris.* 1682. *in fol. veau.*

Hesychii Dictionarium græcum. *Hagenoæ in ædibus Thomæ Anshelmi Budensis* 1521. *in fol. veau.*

Basilii Fabri Sorani Thesaurus eruditionis scholasticæ olim per Augustinum Buchnerum emendatus, novam hanc editionem Christophorus Callarius locupletavit. *Lipsiæ* 1696. *in fol. veau.*

La crusca provenzale opera di dom. Antonio Basteto. *Roma* 1724. *in fol. bas.*

Julii Pollucis onomasticon græ. lat. ex versione Rudolphi Gualtheri cum notis Wolfg. Seberi, & aliorum eruditorum. *Amstelod. werstein* 1706. 2. *vol. in fol. veau.*

Alberti Lexicon hæbreo-latino Biblicum. *Budissa* 1704. *in* 4. *veau.*

Dictionarium historicum Geograph. poeticum. 1590. *in* 4. *bas.*

Nicolai Rigaltii Glossarium. *Lutet.* 1601. *in* 4. *vel.*

Grammaire françoise par Reynier des Marets. *Paris chez Coignard* 1705. *in* 4. *veau.*

Grammatici veteres latini XXXIII. op. & studio Heliæ Putschii. *Hanoviæ* 1605. *in* 4. *vel.*

Laurentius Valla de linguæ latinæ elegantiâ. *Parisiis* 1544. *in* 4. *veau*.

Antiqui Rhetores latini ex Bibl. Francisci Pithæi. *Parisiis* 1599. *in* 4. *baf.*

Ammonius de adfinium vocabulorum differentiâ cum notis lat. Ludovici Gasp. Valkenaër. *Lug. bat.* 1739. *in* 4. *V.*

Observations de l'Academie françoise sur les remarques de Vaugelas. *Paris Coignard* 1704. *in* 4. *veau.*

Dictionaire Théologique historique &c. par D. de Juigné. Lyon 1669. *in* 4. *veau.*

Julij Pontederæ antiquitatum latinarum græcarumque enarrationes. *Patavii* 1740. *in* 4. *veau.*

Del origen y principio de la lengua castillana o Romance que oi se use en Espanna, en Roma 1606. in 4. vel.

M. Verr. Flacci quæ extant & Sext. Pompei Festi de verborum significatione, *Parisiis* 1584. *in* 8. *marr. R.*

Institutiones linguæ hebraicæ opera Georgii Mayr é Soc. Jesu. *Lugd.* 1649. *in* 8. *baf.*

Glossarium græcum cum notis Joannis Alberti. *Lugd. bat.* 1735. *in* 8. *veau.*

Tractatus Varii circa ling. hebræam. *Norimberg. in* 8. *p.*

Francisci Sanctii minerva, seu de causis linguæ latinæ commentarius cum notis Gasparis Sciopii & Jacobi Perizonii. *Amstelod.* 1714. *in* 8. *veau*

Nouvelle méthode pour apprendre les langues hébraïque & chaldaïque. *Paris Colombat* 1708. *in* 8. *veau.*

Lexicon plautinum auctore J. Philip. Parco. *Francofurti* 1614. *in* 8. *vel.*

J. Cæs. Scaligeri de causis linguæ latinæ liber 1580. *in* 12. *vel.*

De abusu linguæ græcæ in quibusdam vocibus quas latina usurpat admonitio Henrici Stephani. *excud. idem Stephanus in* 12. *p.*

Grammatica hebrea Eliæ levitæ Germani per Sebast. Munsterum versa, *Basileæ* 1537. *in* 12. *baf.*

De vero usu verborum mediorum apud Græcos auctore Ludolpho. Kustero. *Parisiis* 1714. *in* 12. *veau.*

Remarques sur la langue françoise par Vaugelas avec des notes de Thomas Corneille. *Amsterd.* 1690. *in* 12. *mar. r.*

Remarques nouvelles sur la langue françoise 3. édition. *Paris Cramoisi* 1682. *in* 12. 2. *vol. veau.*

Synonimes françois leurs différentes significations par Mr. l'Abbé Girard nouvelle édition. *Paris chez la veuve d'Houri* 1736. *in* 12. *veau.*

Roberti Bellarmini Soc. Jesu Card. institutiones linguæ hebraïcæ. 1630. *in* 12. *p.*

Godofr. Guillelmi Leibnitii collectanea ætymologica cum præfatione Evardi. *Hanoveræ* 1717. *in* 12. *mar.*

Les Etymologies françoises du R. P. Philippe Labbe de la Comp. de Jesus 1661. *in* 12. *mar.*

Le jardin des racines grecques *in* 12. *p.*

Grammaire générale raisonnée. *à Paris* 1679. *in* 12. *bas.*

Nonii Marcelli nova editio. *Sedani* 6 4. *in* 12. *p.*

Nouvelle Grammaire de la langue Espagnole par Mr. Petger. *Paris* 1704. *in* 12. *veau.*

De præcipuis græcæ dictionis idiotismis auctore Francisco Vigero Soc. Jesu græ. lat. *Parisiis* 1644. *in* 12. *p.*

Doutes sur la langue françoise. *Paris chez Cramoisi* 1675. *in* 12. *bas.*

Traité des Langues par Mr. Frain du Tremblai. *Amsterd.* 1709. *in* 12. *bas.*

Remarques sur la Langue françoise par Vaugelas. *in* 12. *b.*

Le Maître Italien par Veneroni. *à Geneve* 1706. *in* 12. *b.*

Clavis homerica sive lexicon græco latinum. *Roterdami* 1662. *in* 12. *b.*

Francisci Sanctii Minerva sive de causis latinæ linguæ comment. cum notis Gasparis Scioppii. *Amstel.* 1664. *in* 12. *vel.*

Synopsis Etymologica sive de originibus linguæ latinæ. *Amstelod. in* 16. *vel.*

Orthographiæ ratio ab Aldo Manutio collect. *Venetiis* 1566. *in* 12. *vel.*

Observations de Mr. Menage sur la Langue françoise. *Paris* 1672. *in* 12. *bas.*

ORATEURS POETES.

Demosthenis & Æschinis oratorum opera græ. lat. per Hieronimum Wolfium. *Francofurti* 1604. *in fol. veau.*

Poetæ græci veteres carminis Heroici scriptores qui extant 1606. *in fol. baſ jaune.*

Poetæ græci veteres tragici comici lyrici Epigrammatari *Colonia Allobrogum* 1614. *in fol. veau*

Epigrammatum græcorum lib. VII. cum annotationibus Joannis Brodæi. *Baſileæ* 1549. *in fol. veau.*

Lycophronis Chalcidensis Alexandra cum græcis Isaaci Tzetzis commentariis cura & op. Joannis Poterii. *Oxonii* 1697. *in fol. veau.*

P. Terentii Comediæ VI. cum Ælii Donati commentarii *Parisiis, ex officinâ Roberti Stephani* 1529. *in fol. veau.*

Eusthatii Arch. Tessal. comment. in Homerum græ. *Basileæ* 1560. 3. *vol. in fol. veau.*

M. Fabii Quintiliani institutiones oratoriæ. 1531. *in fol. veau.*

Dionis Chrisostomi orationes LXXX. græ lat. *Lutetia* 1604. *in fol. veau.*

Joannis Passeratii commentarii in Catullum, Tibullum, & Propertium. *Parisiis* 1608. *in fol. veau.*

Oratorum veterum orationes græ. edente Henrico Stephano, cum interpretatione latinâ quarumdam. 1575. *in fol veau*

Demosthenis opera græ. *Lut.* 1570. *in fol. veau*

Aristophanis Comediæ græco-latinæ cum Scholiis antiquis studio & operâ Edoardi Biseti. *Aureliæ Allobrogum* 1601. *in fol. veau*

Publii Virgilii Maronis opera cum commentariis Mauri Servii, Honorati. *Parisiis* 1600. *in fol. vel.*

Q. Horatii Flacci omnia poemata, cum annotationibus Erasmi & aliorum, *Venetiis* 1553. *in fol. vel.*

Opus aureum & scholasticum in quo continentur Pythagoræ carmina græ. lat. edit. studio Michaelis Neandri. *Lipsiæ* 1577. *in* 4. *baſ.*

Euripidis Tragœdiæ græ. lat. cum latinâ Guillelmi Canteri interpretatione, *apud Paulum Stephanum* 1602. *in* 4. 2. *vol. vel.*

C. Valerii Flacci Argonauticon libri VIII. cum notis curante Petro Burmanno. *Leidæ* 1724. *in* 4. *veau.*

Horatius Flaccus cum notis & emendatione Richardi Benthei. *Amſtelod.* 1713. *in* 4. *veau.*

Homeri Iliados & Odiſſeæ lib. cura Jacobi Micylli & Joachimi Camerarii græ. *Baſileæ* 1551. *in* 4. *vel.*

Q. Aſconii Pædiani in orationes M. J. Ciceronis enarrationes. *Lutet.* 1520. *in* 4. *veau*

P. Ovidii Naſonis opera cum notis Jacobi Mycilli Herculis Ciofani. Danielis & Nicolai Heinſiorum quibus ſuas adjecit Petrus Burmannus. *Amſtelod.* 4. *vol.* 1727. *in* 4. *veau.*

Titi Petronii Arbitri ſatyricon quæ ſuperſunt cum notis Nicolai Heinſii &c. curante petro Burmanno. *Trajecti ad Rh.* 1719. 2. *vol. in* 4.

Della eloquenza italiana di M. Giuſto Fontanini libri tre impreſſione nova. *in Roma* 1736. *in* 4. *veau.*

Caii Silii italici punicorum lib. XVII. cum notis plurium eruditorum. edit. curante Arnaldo DraKemborch. *Trajecti ad Rh.* 1717. *in* 4. *veau.*

Saphus Poetriæ lesbiæ fragmenta & elogia græ. lat. ſtudio Joannis Chriſtiani Wolfii. *Londini* 1733. *in* 4.

Publii Papinii Statii opera cum commentariis Emericus Cruceus recenſuit. *Pariſiis* 1618. *in* 4. *veau.*

Albi Tibulli opera quæ extant cum notis & fig. *Amſtelod.* 1708. *in* 4. *veau.*

Sexti Aurelii Propertii Elegiarum libri IV. curâ Jani Brouxuſii *Amſtelod.* 1727. *in* 4 *veau. vol. primum.*

Publii Virgilii Maronis opera cum commentariis. *Baſileæ* 1551. *in* 4. *p.*

Lexicon decem Oratorum, cum notis Nicolai Blanchardi ph. Jac. Mauſſacii & Henrici Valeſii græ. lat. *Lugd. bat.* 1683. *in* 4. *veau.*

Corpus Poetarum lat. *in 4. baſ.*

Della Ragion Poetica & della Tragœdia di Vincenzo Gravina. *in Venezia* 1731. *in 4. vel.*

Dell. Orationi militari racolte per M. Remigio Florentino 1557. *belle imp. in 4. baſ.*

Dioniſii Longini de ſublimitate commentarius græ. lat. è Jacobo Tollio cum notis. *Trajecti ad Rhen.* 1694. *in 4. veau.*

Le opere vulgari di M. Giacopo Sannazero. *in Padova* 1723. *in 4. veau.*

Poëme de Petrone ſur la guerre civile entre Pompée & Cæſar, traduit en vers françois avec des remarques. *Amſterdam* 1737. *in 4. veau.*

Sophoclis Tragœdiæ ſeptem græ. una cum antiquis Scholiis & cum lat. verſione & comment. Joachimi Camerarii & annotationibus Henrici Stephani in Sophoclem & Euripid. 1568. *in 4. veau.*

Junii Juvenalis Satyræ cum notis. *Lutetiæ* 1613. *in 4. p.*

Libanii Sophiſtæ orationes græ. lat. *Geneva* 1631. *in 4. vel.*

Martini Antonii Delrii è Soc. Jeſu. Syntagma Tragediæ lat. *Lutet. Pariſ.* 1620. *in 4. vel.*

Theocriti quæ extant cum Scholiis ſtudio Danielis Heinſii & Caſaubonii græ. lat. 1594. *in 4. baſ.*

Arati phænomena & prognoſtica cum Theonis & Leontii ſcholiis græ. *Pariſ.* 1559. *in 4. veau.*

M. Fabii Quintiliani Oratoris inſtitutionum oratoriarum lib. XII. *Pariſiis ex off. Roberti Stephani* 1542. *in 4. veau.*

Publii Terentii Comediæ cum commentariis Friderici Lindenbrogii. *Francofurti* 1623. *in 4. vel.*

M. Fabii Quintiliani Oratorum inſtitutionum lib. XII. *Pariſiis* 1541. *in 4. veau.*

Auſonii opera cum commentariis Eliæ Vineti. *Burdigalæ* 1580. *in 4. vel.*

Caii Valerii Catulli lib. & in eum Iſaaci Voſſii obſervationes. *Londini* 1684. *in 4. veau.*

Apotheoſis vel conſecratio Homeri à Gilberto Cupero cum fig. *Amſtelod.* 1683. *in 4. veau.*

Pindari Olimpia, Pythia, Nemea, Istmia, græ. lat. adjuncta est interpretatio lat. Pauli Stephani. 1599. in 4. vel.

Index homericus studio Wolfangi Seberi, editus græ. 1604. in 4. vel.

Æschy'i Tragediæ VII. græcé Petri Victorii cura. ex off. Henrici Stephani 1557. in 4. vel.

Aminta Favola Boscareccia di Torquato Tasso con le annotationi D. Ægidio Menagio. in Parigi 1655. in 4. veau.

Christophori Vasi Senarius sive de legibus & licentia veterum Poëtarum. Oxonii 1687. in 4. veau.

Longi pastoralium de daphnide & chloé græ. lat. lib. IV. Frankeræ 1660. in 4. veau.

Opere di Monsignor Giovanni della casa. in Venetia 1728. in 4. veau.

Horatius Flaccus editus opera Jacobi Cruquii. Antverpiæ 1588. in 4. veau.

Opera Pub. Virgilii Maronis. Lugduni 1608. in 8. p.

M. Valerii Martialis Epigrammatum lib. XV. cum comment. Laurentii Ramirés de Prado. Parisiis 1607. in 4. vel.

Excerpta ex Tragediis & Comœdiis græcis tum quæ extant, tùm quæ perierunt græ lat. emend. ab Hugone Grotio. Parisiis 1626. in 4. mar. r. doré sur tranche.

P. Papinii Statii quæ extant Cæsar Barthius recensuit. Cygneæ 1664. in 4. 4. vol. veau.

Apollonii Rhodii argonautica, carmine heroico translat. græ. lat. per Valentinum Rotmarum. Basileæ in 12. p.

Historiæ Poëticæ scriptores aliqui græ. lat. à Thoma Gale Parisiis 1675. in 8. veau.

Il Conte Ugolino Tragedia di Giovanni Leone Semproni in Roma 1724. in 8. vel.

Gerardi Joannis Vossii de veterum Poëtarum temporibus lib. duo. Amstelod. 1654. in 8. vel.

Callimachi Hymni epigrammata & fragmenta græ. lat. cum commentariis Ezechielis Spanhemii. Ultrajecti 1697. in 8. 2. vol. veau.

Phædri Augusti Liberti Fabularum æsopiarum lib. V. curante Petro Burmanno. Hagæ comit. 1718. in 8. veau.

Musæi grammatici de Herone & Leandro carmen cum notis Mathiæ Rover græ. lat. *Lugd. bat.* 1737. *in* 8. *veau.*

Leo alatius de patriâ Homeri. *Lugd.* 640. *in* 12. *veau.*

Aristoteles de Poeticâ lib. cum notis Silburgi & Heinsii græ. lat. *Cantabrigiæ* 1696. *in* 12. *veau.*

Sophoclis Tragediæ VII. editio postrema. *Lugd. bat. græ. lat.* 1672. *in* 12 *veau.*

Q. Horatii Flacci poemata, editor Alexander Cunigamius *Hagæ comit. Janſſon.* 1721 *in* 8. *veau.*

Alexandri Cuningamii animadversiones in Richardi Bentleii notas ad Q Horatium Flaccum *Hagæ comit Janſſon* 1721 *in* 8. *veau.*

La divina Comedia di dante per opera del gio ant. Volpi. *in Padova* 1727. *in* 8. 3. *vol. veau.*

Comento di Giovanni Boccacii sopra la Comedia di dante, colle annota di Ant. Maria Salvini parte prima. *Firenza* 1732. 2. *vol. in* 8. *veau.*

Delle satyre e Rime del Ludovico Ariosto lib. duo con le annot. di paolo Rolli *Amburgo* 1732. *in* 8. *veau.*

Hermogenes græ lat. col. *Allobr.* 1614. *in* 12. *p.*

M. A. Plauti Comædiæ cum comment. & notis J. Fr. Gronovii. *Lugd. bat. ex off. Hackiana* 1669 2. *vol. in* 8. *V.*

De poematum cantu & viribus Rythmi. *Oxonii* 1673. *in* 8. *veau.*

Polycarpi ley seri historia Poetarum & poematum Mædii Ævi. *Halæ Magdeb.* 1721. *in* 8. *veau.*

Theatro del March. Scipione Maffei. *in Verona* 1730. *in* 8. *veau.*

Actii sinceri Sannazarii opera, ex secundis curis Jani Broukusii & notis Petri Ulamingii *Amstelod.* 1680. 2. *vol. in* 8. *veau.*

Orlando furioso di M. Ludovico Ariosto tutto ricorretto e di nuove fig. *in Venezia* 1556. *in* 8. *veau.*

Commentaires sur les Epitres d'Ovide par Gaspard Bachet Sieur de Meziriac de l'Ac. franc. nouvelle edition *à la Haye* 1716. *in* 8. 2. *vol. veau.*

Le Rime di M. Francesco Petrarch. *in Padova* 1731. *in*

8. veau.

Troja expugnata seu suplementum Homeri auctore Quinto Calabro græ. lat. *Francofurti* 1614. *in* 8. *vel.*

Theognidis, Pythagoræ, Solonis & aliorum Poemata græ. lat. *Heidebelga* 1592. *in* 12. *p.*

Il decamerone di M. Giovano Boccacia. *in Londrâ* 1727. 12. 2. *vol. veau.*

Bibliotheque critique publiée par M. de Sainjore. *Amsterdam* 1708. *in* 12. 4. *vol. veau.*

Josephi Jouvenci é Soc. Jesu ratio discendi & docendi. *Parisiis* 1725. *in* 12. *bas.*

Cl. Quilleti Callipædia seu de pulchræ prolis habendæ ratione Poema didacticon. *Londini* 1708. *in* 12. *veau.*

Theodori Prodomi Phil. Rhodentis & Dosielis amorum lib. IX græ lat. *Parisiis* 1625. *in* 12. *veau.*

Eustathii de Ismeniæ & Ismenes amoribus lib. XI. græ. lat. ex versione & cum notis Gilberti Gaulmini. *Parisiis* 1618. *in* 8. *veau.*

Poesie d'Alexandro Guido. *in Veronâ* 1726. *in* 12. *veau.*

Hieroclis Philosophi commentarius in Pytagor. carmina. *Parisiis* 1583. *in* 12. *bas.*

Probæ Falconiæ centones item Nonnus Poeta græ. *Francofurti* 1541. *in* 12. *veau.*

Q. Horatii Flacci vita ordine Chronologico studio Joannis Masson. *Lugd. bat.* 1708. *in* 12. *veau.*

Mythographi latini C. Jul. Hyginus Faber, Planciades, Fulgentius, Lactantius, Placidus, Albricus Philosophus edente cum commentariis Thomæ Munkero. *Amstelod.* 1681 2. *vol. in* 8. *veau.*

Terentius à M. Ant. Mureto emendatus. *Francofurti ad Mænum* 1574. *in* 12. *mar.*

C. Solii Appollinaris Sidonii opera cum notis Jac. Sirmondi Soc. Jesu. *Parisiis* 1614. *in* 12. *mar.*

M. Ann. Lucani civilis belli liber. *in* 12. *bas.*

Epigrammatum delectus. *Parisiis* 1659. *in* 12. *mar.*

Phaselus Catulli & ad eum quotquot extant parodias. *Lugduni* 1593. *in* 12. *p.*

D. Junii Juvenalis Satyrarum lib. V. nova editio cum Nicolai Rigalti. *Lut ex off. Roberti Stephani* 1616. *in* 12. *V.*

Le Jardin des racines grecques mises en vers françois 2. édition. *Paris* 1664. *in* 12. *veau.*

Auli Persi Flacci Satyricæ cum commentariis Casauboni. *Parisiis* 1605. *in* 12. *vel.*

Caroli Ruæi é Soc. Jesu. carminum lib. IV. editio quinta. *Lutet. Paris.* 1688. *in* 12. *veau.*

Antiquitatum homericarum lib. IV. ab Everardo Feithio. *Lugd. bat.* 1677. *in* 12. *bas.*

Querolus antiqua Comedia nunquam antehac edita. *Parisiis Robertus Stephanus* 1564. *in* 12. *p.*

Poesis philosophica vel saltem reliquiæ Poesis philosophicæ apud Henric. Stephanum 1573. *in* 12. *p*

Juliani Imperatoris orationes editor Dionisius Petau Soc. Jesu græ. lat. *Flexiæ* 1614. *in* 12. *p.*

Sibillinorum Oraculorum libri VIII. græ. lat. *Basileæ* 1555. *in* 12. *p.*

Henrici Stephani annotationes in Sophoclem & Euripidé. *apud Henr. Stephanum* 1558. *in* 12. *P.*

Orphæi argonautica Hymni & de lapidibus Poema græ. lat. cum notis Henrici Stephani & Jos. Scaligeri. *Trajecti ad Rh. in* 12. 1589. *in* 12. *bas.*

Petti Danielis Huetii, & Cl. Fr. Fraguerii carmina. *Parisiis* 1729. *in* 12. *bas.*

Joannis Commirii é Soc. Jesu carmina, editio novissima. *Lutet. Paris.* 1714 *in* 12. 2. *vol. veau.*

Publii Virgilii Maronis appendix cum comment. Josephi Scaligeri. *in* 12. *bas*

Anacreontis Teii carmina græ. lat. cum interpr. Willelmi Bakler. *Londini Augustæ* 1710. *in* 12. *bas.*

Dionisii Longini libellus de sublimi græ. lat. cum notis Tanequilli Fabri. *Salmuri* 1663. *in* 12. *bas.*

Publii Terentii Aphri Comediæ sex. *apud Sebast. Gryphium* 1548. *in* 12. *bas.*

Joannis Bapt. Santolii victorini opera poetica. *Parisiis* 1694. *in* 12. *bas.*

Remarques sur Homere. *à Paris 1728. in 12. baſ.*

Apologie d'Homere par le P. Hardoüin. *à Paris 1736. in 12. baſ.*

T. Lucretii Cari de rerum natura libri VI. *Antverp. Plant. 1566. in 12. veau.*

Q. Horatii Flacci opera. *1518. in 12. baſ.*

P. Ovidii Naſonis vita ſtudio Joann. Maſſon. *Amſtelodami 1708. in 12. baſ.*

Julius Cæſar Brulengerus Juliodunenſis de Theatro. *Triſaſſibus 1603. in 12. baſ.*

Q. Horatii Flacci carmina, ſtudio & operâ Sanadonis é Soc. Jeſu. *Lutet. Pariſ. 1728. in 16 baſ.*

T. Petronii Arbitri ſatyricon cum fragmentis. *Colon. Agrip. 1691. in 12. baſ.*

Marci Hieronimi Vidæ Cremonenſis Albæ Epi opera omnia. *apud Gryphium 1548. in 16. baſ.*

Œuvres de Moliere nouvelle édition. *à Paris chez Ganeau 1739. in 12. 8. vol. veau.*

Calligraphia oratoria Linguæ græcæ à Joanne Poſſelio concinnata. *Rothomagi 1620. in 8. vel.*

Auli Perſii Flacci ſatyræ cum comment. Joannis Bond. *Amſtelod. Blaeu 1645. in 12. veau.*

M. Terentii Varronis opera *1573. apud Henr. Steph. in 8. p.*

Il Petrarcha con l'expoſitione d'Alexandro Vellutello. *in Vinegia 1541. in 12. vel.*

Rime & proſe di Claudio Achillini. *in Venetia 1650. in 16. vel.*

Panegirici veteres cum notis variorum. *Pariſiis 1643. in 16. 2. vol. vel.*

Auſonii opera à Joſepho Scaligero recognita. *1618. in 16. vel.*

M. Fabii Quintiliani declamationes Heidelberg. *1594. in 12. p.*

Iſocratis Orationes & Epiſtolæ cum latinâ interpret. *apud Paulum Stephanum 1604. in 12. p.*

Julii Cæſ. Scaligeri poemata. *1546. in 12. p.*

Florilegium diversorum Epigrammatum græ. *Venetiis* 1550. *in* 12. *baſ.*

Scholia in VII. Euripidis Tragediæ ab Arsenio Arch. 1534 *in* 12. *encart.*

Æsopi Fabulæ græ lat. *Baſileæ* 1541 *in* 12. *p.*

Vetustissimorum comicorum 50. opera græ. lat. collecta. *Baſilea in* 12. *p.*

Epigrammata & Poemata vetera. *Lugduni* 1596. *in* 12. *p.*

Il Petrarcha. *in Lyone* 1551. *in* 16. *p.*

Poesie di Girolamo Preti. *in Roma* 1649. *in* 16. *p.*

Poemata Theodorii Bezæ. *Lugduni in* 16. *baſ.*

Ezio drama per musica di Pietro Metastasio. *in Roma* 1729. *in* 12. *broch.*

Semiramid. riconosciuto drama per musica di Pietro metastasio. 1729. *in* 12. *br.*

Themistii Euphradæ Orationes græ. lat. interprete Dionisio Petavio é Soc. Jesu. *Flexia* 1613. *in* 12. *vel.*

Godescaschi Stevvechl Aeusdani in L. Apulei opera omnia quæstiones. *Antverpiæ* 1586. *in* 12. *veau.*

Phædri Fabulæ. *Lugd.* 1727. *br*

C. Claudiani quæ extant. *Lugd. bat. ex off. Elzeviriana* 1650. *in* 12. *baſ.*

Euripidis Tragediæ opera Guillelmi Canteri. *Antverpiæ* 1571. *in* 12. *mar. r. doré ſur tranche.*

Virgilii opera. *in* 12. *tres belle impreſſ.*

Q. Horatii Flacci poemata. *Amſtelod. D. Elzevirium* 1676 *in* 12. *veau.*

P. Scriverii animadversiones in Martialem. *Lugd. bat.* 1618. *in* 12. *veau.*

M. Val. Martialis nova editio ex Museo Petri Scriverii. *Lugd. bat.* 1619. *in* 12. *veau.*

Anacreontis & Saphonis carmina græ. cum notis Tanaquilli Fabri. *Salmuri* 1680. *in* 12. *veau.*

Orlando furioso. *in Lyone* 1570. *in* 12. 2. *vol. veau.*

Philosophorum apophtegmata græ. lat. *in* 16. *vel.*

Apophtegmata græca cum latina interptetatione *in* 16. *vel.*

Catulli, Tibulli, Propertii nova editio. 1621. *in* 16. *baſ.*

Marcelli Palingerii carmina. 1589. *in* 16. *p.*

Virgilius Maro nunc emendatior. *Lugd. Elzevir.* 1638. *in* 16. *veau.*

Historiæ poeticæ scriptores antiqui græ. lat. *Parisiis* 1655. *in* 8. *vel.*

Isaaci Casauboni de satyricâ Græcorum poesi & Rom. Satyra. *Parisiis* 1605. *in* 8. *vel.*

Fragmenta Poetarum veterum latinorum quorum opera non extant. *apud Henricum Stephanum* 1564. *in* 12. *p.*

Theatrum veterum Rethorum auctore Lud. Cresollio. *Parisiis* 1610. *in* 8. *bas.*

Q. Sectani Satyræ. 1696. *in* 12. *br.*

Annotations sur les sept Tragédies de Sophocle en Grec. *à Cambridge* 1668. *in* 12. *br.*

Scholiæ in Idilliâ Theocriti diversorum auctorum in unum collectæ, à Zachariâ Calliergo Cretensi græ. *ex off.* commentlia 1601. *in* 12. *vel.*

EPISTOLAIRES.

Libanii Sophistæ Epistolæ græ. lat. edidit lat. Joannes Christoph. Wolfius. *Amstelod.* 1738. *in fol. veau.*

Caii Plinii Cæcilii secundi Epistolarum lib. X. cum notis recensuerunt Gotlieb Corsius & Paulus Daniel Longerlius. *Amstelod.* 1634. *in* 4. *veau.*

Gregorii Majensi generosi & antecessoris Valentini Epistolarum lib. VI. *Lugd.* 1633. *in* 4. *veau.*

Thom. Reinesii ad Gasparem Hoffmanum Christ. ad Rupertum Epistolæ. *Lipsiæ* 1660. *in* 4. *veau.*

Claudii Bartholomei Morisoti Epistolarum lib. *divione* 1656. *in* 4. *vel.*

Justi Lipsi Epistolarum Selectarum centuria prima ad Belgos. *Antverpiæ ex off. Plant.* 1602. *in* 4. *vel.*

Q. Aurelii Symmachi Epistolarum ad divers. lib. X. *Parisiis* 1580. *in* 4. *p.*

Caii Solii Appollinaris Sidonii opera cum comment. J.

Savaronis. *Parisiis* 1669. *in* 4. *vel.*

Justi Lipsi Epistolarum selectarum centuria singularis. 1602. *in* 4. *vel.*

Claudii Salmasii Epistolarum lib. cum vitâ ejusdem accurante Antonio Clementio. *Lugd. bat.* 1656. *in* 4. *veau.*

Philiberti de la mare de vitâ & moribus Guillelm. Philandri Castillonii Epistolæ. 1667. *in* 4. *vel.*

Reinesii Epistolæ ad Worstium & Daumium *in* 8. *p.*

C. Plinii Cæcilii secundi Epistolarum lib. X. cum commentariis Joannis Mariæ Catanæi *Geneva* 1625. *in* 4. *vel.*

Hinemari Rhemensis Arch. Epistolæ. 1602. *in* 4. *vel.*

Tanaquilli Fabri Epistolæ. *Salmuri* 1659. *in* 4. *bas.*

Henrici Stephani Epistolæ. 1569. *in* 12. *p.*

Josephi Scaligeri Epistolæ edit. à Daniele Heinsio. *Lugd. bat.* 1627 *Elzevir. in* 12. *veau.*

Alciphronis Rhetoris Epistolæ cum notis Stephani Bergler græ. lat. *Lipsiæ* 1715. *in* 12. *veau.*

Epistola C. Annæi Fabroti br.

Themistoclis Epistolæ græ. lat. *Lipsiæ* 1710. *in* 12. *veau.*

Lettres choisies de feu Mr. Guy Patin. *Cologne* 1691 3. *vol. in* 12. *b.*

Lettres choisies de Mr. Bayle avec des remarques. *Rotterdam* 1714. 3. *vol. in* 12. *veau.*

Thomæ Reinesii & Jo. Andi Bosii Epistolæ. *Jenæ* 1700. *in* 12. *bas.*

Caii Plinii Cæcilii Epistolæ & Panegyricus. editor Bonhornius. *Amstelod.* 1659. *in* 16. *bas.*

Aristeneti Epistolæ græcæ, cum latinâ interpretatione. *Parisiis* 1610. *in* 12. *vel.*

Epistolæ Ciceroniano Stylo scriptæ P. Bunelli P. *Manutii* 1581. *in* 12. *p.*

Racolta di lettere scritte dal sign. Card. Bentivoglio. *In Venetia in* 12. *p.*

JURISPRUDENCE.

Corpus Juris civilis Romani op. & studio Simonis Van Leuvven J. C. Antverpiæ 1726. 2. vol. in fol. veau.

Codex Legum antiquarum. *Francofurti* 1613. *in fol. veau.*

Codex Theodosianus cum commentariis Jacobi Gothofredi editio nova. *Lipsiæ* 5. *vol.* 1736. *in fol. veau.*

Samuel Petit in leges atticas. *Parisiis* 1635. *in fol. b. jaq.*

Barnabæ Brissonii de formulis & solemnib. Pop. Romani verbis libri VIII. *Parisiis* 1583. *in fol. veau.*

Senatus Consulti de Bachanalibus explicatio auctore Matheo Ægyptio *Neapoli* 1729. *in fol. veau.*

Andreæ Alciat in digestorum sive pandectorum comment. *Lugduni. apud Sebast. Gryphium* 1542. *in fol. veau.*

Annotationes Guillelmi Budæi in pandectas *Lutetiæ apud mich. Vascosan* 1556. *in fol. veau.*

Carolus Sigonius de antiquo jure populi Romani lib. XI. *Lutetiæ* 1576. *in fol. veau.*

Jani Vincentii Gravinæ originum Juris civilis lib. III. & de Romano Imperio lib. *Venetiis* 1730. *in* 4. *bas.*

J. Ant. Lescuri Jurisconf. antecessoris Valentini de Jurisdictione Tract. *Lugd.* 1585. *in* 4. *p.*

Codicis Theodosiani lib. XVI. *Lugduni* 1593. *in* 4. *veau.*

Corpus juris canonici. *Coloniæ Munatianæ* 1717. *in* 4. 2. *vol. veau.*

Theophili antecessoris institutionum græ. lat. Carolus Annibal. Fabrotus recensuit & Scholiis græcis auxit editio 2. *Parisiis* 1657. *in* 4. *veau.*

Dissertatio de causis majoribus ad caput Concordatorum de causis auctore Joanne Gerbais. *Lutet. Paris.* 1679. *in* 4. *veau.*

B. Brissonius J. C. de ritu nuptiarum. *Parisiis* 1564. *in* 4. *p.*

Lazari Bayfii annotatonies in legem secundam de Captivis ejusdem de auro & argento cum fig. *Basileæ* 1537. *in* 4. *bas.*

G

Traité des Seigneuries par Charles Loiseau. *Paris* 1608. *in* 4. *vel.*

Guillelmi Fornerii antecessoris Aureliæ selectionum liber primus. *Aureliæ* 1666. *in* 4. *vel.*

Vitæ tripartitæ Jurisconsultorum veterum à Bernardino Rutilio, Joanne Bertrando & Guillelmo Grotio conscriptæ. *Halæ magdeburgicæ* 1718. *in* 4. *bas.*

Ezechielis Spanhemii orbis Romanus seu ad constitutionū Antonini Imp. de quâ Ulpianus lege 17. digestis de statu hominum exercitationes duæ, editio 2. auctior. *Londini churchill.* 1703. *in* 4. *veau.*

Guidi Panziroli Regiensis de claris legum interpretibus lib. IV. cura Christ. God. Hoffmanni. *Lipsiæ* 1721. *in* 4. *bas.*

Petri Fabri Jurisconsulti semestrium liber editio postrema. *Geneva* 1660. *in* 4. *bas.*

Ægidii Menagii juris civilis amænitatis. *Lutetiæ Paris.* 1677. *in* 8. *veau.*

Caroli Hannib. Fabroti ad cod. Theodos. notæ. *Lutetiæ Paris. Cramoisi* 1648. *in* 8. *vel.*

Tractatus de subscribendis & signandis testamentis auctore Cl. S. *Lugd. bat. ex off. Elzeviriana* 1648. *in* 12. *vel.*

Diatribæ de mutuo non esse alienationem. *Lugd. bat. Maire* 1640. *in* 12. *vel.*

Epistola C. Ann. Fabroti de mutuo cum responsione Cl. Salmasii ad Ægidium Menagium. 1645. *in* 12. *mar.*

Antonii Augustini juris civilis emendationum & opinionū lib. IV. *Lugd.* 1584. *in* 12. *p.*

Institution du droit Ecclesiastique par Mr. l'Abbé Fleuri Confesseur du Roi. *Paris* 1730. *in* 12. 2. *vol. veau.*

Selectæ sententiæ ex institutionibus civilibus. *Valentiæ* 1688. *in* 12. *bas.*

Juris civilis Romani initia & progress. *Geneva* 1568. *in* 12. *veau.*

Capitula Caroli magni & Ludovici Pii. *Parisiis* 1603. *in* 12. *vel.*

Ordonnance de Loüis XIV. *Paris* 1723. *in* 16. *bas.*

Dissertation sur la mouvance de Bretagne. *Paris* 1711. *in* 12. *bas.*

Brevis synopsis in quatuor institutionum libros. *Valentiæ in* 12. *baf.*

PHILOLOGUES, CRITIQUES POLIGRAPHES.

De re diplomaticâ lib. VI. D. joannis Mabillon *Lutet. Parisiorum* 1681. *in fol. veau. grand papier.*

Francisci Vavassoris é Societate Jesu opera omnia. *Amstelodami* 1709. *in fol. veau.*

Joannis Harduini é Soc. Jesu opera selecta. *Amstelodami* 1709. *in fol. veau.*

Joannis Harduini é Soc. Jesu opera varia *Amstelod.* 1733 *in fol. veau.*

Henrici Cardinalis Norisii opera omnia. *Veronæ* 1729. *in fol.* 4. *vol. veau.*

Les Images ou Tableaux des deux philostrates Sophistes grecs, mis en françois par Blaise de Vigenere. 1614. *in fol. V.*

Athenei Dipnosophistarum lib. XV. græ. lat. cum Isaaci casauboni animadver. *Lugduni* 1612. *in fol. vel.*

Synesi Epi Grenen de Regno ad Arcadium Imperatorem dio. sive de suæ vitæ ratione &c. græcé. *Parisiis* 1553. *in fol. vel.*

Jacobi I. magnæ Britanniæ Regis opera edita à Jacobo Montacuto Wintendensi Epi. *Londini* 1619. *in fol. veau.*

Adagiorum des. Erasmi chiliades quatuor cum notis Henrici Stephani. *Parisiis* 1579. *in fol. veau.*

Cælii Rodigini antiquarum lectionum commentarii. *Parisiis* 1517 *in fol. veau.*

Loci communes sacri & prophani sententiarum per Joannem Stobæum græ. lat. *Francofurti* 1581. *in fol. veau.*

De asse & partibus ejus libri V. Guillelmo Budæo auctore *Parisiis* 1532. *in fol. baf.*

Theophrasti Eresii opera omnia græ. lat. dam. Heinsius editor recensuit. *Lugd. bat.* 1613. *in fol. vel.*

Aulugelli noctium atticarum libri XX. cum notis Joannis Friderici & Jacobi Gronovii. *Lugd. bat.* 1706. *in fol. veau.*

Saggi di dissertationi Accademiche cum fig. *in Roma* 1735. *in 4. veau.*

Hieronimi mercurialis de arte Gymnastica lib. VI. cum fig. editio novissima aucta à Christophoro Coriolano. *Amstelodami* 1672. *in 4. bas.*

Concordia auctore Petro Francisco Chifleto é Societate Jesu. *Parisiis* 1681. *in 4. veau.*

Henrici Valesii emendationum lib. V. & de criticâ lib. duo edente Petro Burmanno. *Amstelod.* 1740. *in 4. veau.*

Antonii Scultingii exercitatio ad Valerii maximi lib. VII. opus recensuit & notas adjecit Abrahamus Torrenius. *Leide* 1726. *in 4. 2. vol. veau.*

Antonii Lampridii de superstitione vitanda, sive censura voti sanguinarii in honorem immaculatæ conceptionis Deiparæ emissi. *Mediolani* 1740. *in 4. veau.*

Isaaci Vossii variarum observationum liber. *Londini* 1685 *in 4. veau.*

Jos. Justi Scaligeri opuscula. *Parisiis* 1610. *in 4. vel.*

Pedacii Dioscoridæ Anazarbei de materiâ medicâ lib. græ. lat. *Colonia* 1529. *in 4. veau.*

Considerazioni del marchese Giovan Giosefo Orsi. *in Modena* 1735. *in 4. 2. vol. veau.*

Roberti Titii Burgensis locorum controversorum libri X. *Florentiæ* 1583. *in 4. vel.*

Arriani & Hannonis periplus. Plutarch. de fluminibus & montibus Strabonis epitome græ. *Basileæ* 1533. *in 4. p.*

Vegetii Renati artis veterinariæ sive melomedicinæ lib. IV. *Basileæ* 1528. *in 4. p.*

Caroli Sigonii emendationum lib. duo. *Venetiis* 1557. *in 4. p.*

Adagia sive proverbia Græcorum ab Andrea Schotto Soc. Jesu græ. lat. *Antverpiæ ex off. plant.* 1612. *in 4. bas.*

Bibliotheca botanica à Joanne Francisco Seguierio digest. accessit Bibliotheca Botanica J. Ant. Bumaldi seu potius Ovidii Montalbanni *Hagæ comit.* 1740. *in 4. veau.*

Recueil de pieces fugitives *in 4. veau.*

Justi Lipsi de militiâ romanâ lib. V. *Antverpiæ ex off. plant. 1596. in 4. vel.*

Justi Lipsi Poliorceticon sive de machinis Tormentis Telis. lib. V. *Antverpiæ ex off. plant. 1596. in 4. vel.*

Fla Vegetii Renati comitis de re militari lib. cum Frontini Stratagematibus. *ex off. plant. 1597. in 4. vel.*

Notitia utriusque Vasconiæ auctore Arnaldo Oihenarto. *Parisiis 1638. Cramoisi in 4. vel.*

Manuelis Moscopuli de ratione examinandâ orationis libellus ex Bibl. regiâ græ. *Lutet. 1545. in 4. vel.*

L. Sectani Q. fil. de tota Græcorum hujus ætatis litteratura sermones. *Genevæ 1737. in 4. broché.*

Jo. Alberti Fabricii Bibliotheca latina. *Venetiis 1728. in 4. 2. vol. veau.*

Replique de Mr. Girac à Mr. Costar. *Paris 1634. in 4. baſ.*

Reponse de Mr. Girac à Mr. Costar. *Paris 1655. in 4. V.*

Défense des œuvres de voiture. *Paris 1654. in 4. baſ.*

Suite de cette défense *Icid 1655. in 4. veau.*

Discours sur la Religion des anciens Romains par Sr. guillaume du Choul. avec fig. *Lyon 1567. in 4. vel.*

Gerardi Joannis Vossi Aristarchus sive de arte grammaticâ lib. VII. *Amstelod. 1662. in 4. veau.*

Justi Lipsii opera omnia quæ ad criticam spectant. *Antverpiæ 1585. in 4. 2. vol. vel.*

Jacobi Palmerii exercitationes in opt. auctores græcos græ. lat. *Trajecti ad Rhenum 1694. in 4. vel.*

Joannis Meursii Græcia feriata, sive de festis Græcorum lib. VI. *Lugd. bat. 1619. in 4. veau.*

Joannis Meursii Theseus liber postumus de Pagis Atticis ejusdem paralipomena & excerpta de Jacobi Sponii itinerario de iisdem Pagis. *Ultrajecti 1684. in 4. veau.*

Antigoni Carystii hist. mirabilium collectanea cum notis Joannis Meursii græ. lat. *Lugd. bat. apud Isaac. Elzevirium 1619. in 4. veau.*

Eclogæ legationum é MSS. cod. à Davide Hoestchelio

edit. græ. *August. Vindelic.* 1603. *græ. in* 4. *baſ.*

Joannis Meurſii Miſcellanea laconica. edit. cura Samuelis Pufendorfii. *Amſtelod.* 1661. *in* 4. *veau.*

Petri Veiſſelingii diatribæ de Judæorum Archontibus. *Trajeēti ad Rh.* 1738. *in* 8.

Chriſtiani Gotlib. Schvarzii miſcellanea politioris humanitatis. *Norimbergæ* 1641. *in* 4. *vel.*

Xenophontis Epheſii Epheſiacorum lib. V. de amoribus Anthiæ & Abrocomæ. *Londini* 1726. *in* 4. *veau.*

In diſſertationem Italiæ mædii Ævi cenſuræ III. cum reſponſis III. palatinis ſociis. *Mediolani* 1729. *in* 4. *vel.*

Hierogliphica Horapollinis à Davide Hoeſchelio. *Auguſtæ Vindelicorum* 1595. *in* 4. *veau.*

Archæologia græca Joannis Pellerii editio altera. *Venetiis* 1734. *in* 4. 2. *vol. veau.*

Diſſertatio clyptographica. *Romæ* 1739. *in* 4. *baſ.*

Michaelis Apoſtoli Paroëmiæ græ. lat. cum Petri Pantini verſione. *Lugd. bat. ex off. Elzevirianâ* 1619. *in* 4. *vel.*

Martini Opitii variarum lectionum lib. *Dantiſci* 1637. *in* 8. *vel.*

Philegontis Talliani opuſcula cum notis Joannis Meurſii græ. lat. *Lugd. bat. apud Iſaacum Elzevirium* 1620. *in* 4. *vel.*

Leonis Imp. Tactica ſive de re militari lib. Joannes Meurſius græ. primus vulgavit & notas latinas adjecit. *Lugd. batt. Elzevir.* 1612. *in* 4. *vel.*

Nicandri Theriaca græ. *Coloniæ* 1530. *in* 4. *baſ.*

Theſaurus Politicorum Aphoriſmorum auctore joanne Chokier cum notis. *Moguntiæ* 1613. *in* 4. *baſ.*

Jacobi Lydii Syntagma ſacrum de re militari cum fig. & cum notis Salomonis Van Fil. *Dordraci* 1768. *in* 4. *veau.*

Juſti Lipſi variarum lectionum lib. III. *Antverp. plantin.* 1585. *in* 4. *vel.*

Obſervationes in Theonis Faſtos græcos priores. *Amſtelod.* 1735. *in* 4. *veau.*

Syntagma variarum diſſertationum rariorum ex muſæo Joannis Georgii Grævii. *Ultrajeēti* 1702. *in* 4. *veau.*

Adriani Turneli adverſariorum lib. XXX. *Aureliopoli* 1604. *in* 4. *mar. r.*

Claudii Claudiani quæ extant gaspar Barthius emendavit. *Hamburgii* 1650. *in* 4. *baf.*

Ad Joannem Multonum responsio opus postumum Claudii Salmasii. *Divione* 1660. *in* 4. *baf.*

Stephani Balusii miscellaneorum lib. 1. *Paris* 1678. *in* 8. 4. *vol. veau.*

Ejusdem vol. quintum. 1700. *in* 8. *veau.*

Ejusdem vol. sextum. 1713. *in* 8. *veau.*

Ejusdem vol. septimum. 1715. *in* 8. *veau.*

Miscellaneæ observationes in auctores veteres & recensiores ab eruditis Britannis. *Amstelod.* 1732. 10. *vol. in* 8. *veau*

Opuscula mythologica, Ethica, & physica, græ. lat. *Cantabrigiæ* 1671. *in* 8. *baf.*

Gasparis Scioppi infamia Famiani. *Amstelod.* 1663. *in* 12. *baf.*

Aurelii Theod. Macrobii opera cum notis Joannis Meursii *Lugd. bat.* 1628. *in* 8. *veau.*

J. Freder. Gronovii dissertatio in Goth. *Lugd. bat.* 1739. *in* 8. *veau.*

Justi Lipsii admiranda seu de magnitudine romanâ lib. IV. *Parisiis* 1598. *in* 12. *p.*

Sentiments de Cleante sur les entretiens d'Ariste & d'Eugene par Mr. Barbier d'Aucour de l'Accademie françoise. *Paris* 1730. *in* 12. *veau.*

J. Alberti Fabricii menologium. *Hamburgi* 1712. *in* 12. *br.*

Julii Vitalis Epitaphium cum notis Henrici Dodvvelli Iscae. *Dummoniorum* 1711. *in* 8. *veau.*

Constantini Porphyrogenetæ Imp. opera, Joannes Meursius edidit græ. lat. *Lugd. bat. ex off. Elzevirianâ in* 12.

Simplici Verini ad justum Pacium Epist. *Hagiopoli* 1646. *in* 12. *vel.*

Alexandri ab Alexandro J. P. Genialium dierum lib. VI. cum comment. Andreæ Tiraquelli, Dionisii Gothofredi, Christophori Coleri, & Nic. Mercerii. *Lugd. bat. ex off. Hackianâ* 1673. *in* 8. 2. *vol. veau.*

Arriani ars tactica græ. lat. ex recensione Nicolai Blannardi cum fig. *Amstelodami* 1683. *in* 8. *veau*.

Lampas five Fax artium liberalium hoc est Thesaurus criticus, à Jano Grutero. *Francofurti* 1602. *in* 8. 6. *vol. bas.*

Exercitationes de ætate Phalaridis & Pythagoræ ab Henrico Dodwvello. *Londini* 1704. *in* 8 *veau*.

Hugonis Grotii de jure belli & pacis lib. III. cum notis Gronovii editor Joannes Barbeyrac *Amstelod. ex off. Westenianâ* 1720. *in* 8. *veau*.

Traduttori Italiani. *in Veneziâ* 1720. *in* 12. *veau*.

Joannes Saresberiensis Policraticus sive de nugis Curialium & vestigiis Philosophorum lib. VIII. *Lugd. bat.* 1595. *ex off. pluntin. in* 12. *vel.*

Della scienza chiamata cavalларesca opera del sign. marchese Scipione Maffei. *in Venetia* 1712. *in* 12. *p.*

Reflexion sur le libelle intitulé lettre critique. *à Cologne* 1702. *in* 12. *veau*.

Lettre critique de Sextius le Salyen à Euxenus le Marseillois. *Sans nom d'Imp. in* 12. *veau*.

Claudii Salmasii de annis climatericis diatribæ. *Lugd. bat. ex off. Elzevir.* 1648. *in* 12. *vel.*

Petri Danielis Huetii de interpretatione lib. duo. *Hagæ comit. Leers* 1683. *in* 12. *veau*.

Arriani Tactica & Mauricii ars militaris editor Joannes Scheferus lib. XII. *Upsaliæ* 1664. *in* 12. *vel.*

Miscellæ defensiones pro Cl. Salmasio *Lugd. bat. ex off. J. Maire in* 12. *veau*.

Nicol. Gragii de Republicâ Lacedemoniorum lib. IV. *Lugd. bat. ex off. Joannis à Gelder* 1670. *in* 12. *veau*.

Claudii Salmasii Epistola de Cesarie virorum & mulierum coma. *Lugd. bat. ex off. Elzevirianâ* 1644. *in* 12. *vel.*

Osservationi litterarie. *in Verona per Ill. Scip. Maffei* 4. *vol. in* 12. *veau*.

Risposta di Ant. Fran. Gori auctore, del museo Etrusco al Scipione Maffei. *in Firenze* 1739. *in* 12. *bas.*

Cinque libri di Gianbattista Vico. de Principi d'una scienza nuova. *in Napoli* 1730. *in* 12. *veau*.

Les Contes & discours d'Eutrapel par le feu Seigneur de

la Herissaye. *à Rennes* 1585. *in* 12. *veau.*

Cl. Salmasii interpretatio Hypocratei Aphorismi. *Lugd. bat. Maire* 1640. *in* 12. *vel.*

Yvonis Villiomari in locos controversos Roberti Titii animadversorum liber. *Lutetiæ* 1597. *in* 12. *p.*

Joannis Clerici arscritica. *Amstelod.* 1730. *in* 12. 3. *vol. V.*

J. Guillelmi quæst. plautin. Joannis Meursii critica Justi lipsii constant. *Lutetiæ* 1583. *in* 12. *vel.*

Joannis Passerati de litterarum inter se cognatione ac permutatione lib. *Parisiis* 1606. *in* 12. *p.*

Censorinus de die natali Henricus Lindenbrogius recensuit *Lugd. bat. ex off. J. Maire* 1642. *in* 12. *veau.*

Julii Scaligerii exotericarum exercitationum lib. XV. *Lugduni* 1615. *in* 8. *bas.*

L. Apulei opera omnia cum notis Vulcanii Brugensis. *Lutetiæ Paris.* 1601. *in* 12. *p.*

Henricus Cornelius Agripa, de incertitudine & vanitate scientiarum. *Parisiis* 1531. *in* 12. *mar.*

Scaligeriana sive excerpta ex ore Josephi Scaligeri editio secunda. *Hagæ comit.* 1669. *in* 12. *bas.*

Valesiana ou les pensées critiques historiques & morales de Mr. de Valois recueillies par Mr. son fils. *Paris* 1694. *in* 12. *veau.*

Prima Scaligeriana cum præfatione T. Fabri. *Ultrajecti apud P. Elzevirium* 1670. *in* 12. *veau.*

Censorini ad Q Cærellium de die natali nova editio. *Lutetiæ* 1583. *in* 12. *bas.*

Jacobi Perizonii dissertationes cum præfatione J. Gothl. Heineccii. *Lugd. bat.* 1740. *in* 12. 2. *vol. veau.*

Martini de Roa Cordubensis Soc. Jesu singularium locorum ac rerum lib. V. *Lugduni* 1604. *in* 12. *p.*

Amænitates litterariæ. *Francofurti* 1725. *in* 12. 1. & 2. *volumes ensemble. les* 3. 4. & 5. *ensemble les* 6. 7. 8. 9. *separez encartonnez & un* 9. *relié bas.*

Corippi Affricani de laudibus Justini minoris lib. IV. *Parisiis* 1610. *in* 12. *p.*

Heliodori Æthiopicorum lib. X. curâ & labore Danielis

Parci græ. lat. *Francofurti* 1631. *in* 12. *p.*

Claudii Salmasii de Manna & Sacharo comment. *Parisiis* 1663. *in* 12. *p.*

Primo y segonda parte de dom Quixote de la mancha. *en Madrid* 1647. *in* 4. *p.*

Nicolai Rigalti, Ismaelis Bulliardi, & Henrici Valesii observationes de populis fundis. *Divione* 1656. *in* 12. *p.*

Lettre d'un Professeur de l'Université de Paris sur le Pline du P. Hardoüin. *à Paris* 1725. *in* 12. *bas.*

La prima parte di Ragionamenti di Pietro Aretino. 1584. *in* 12. *bas.*

Perroniana. *Hagæ comit.* 1669. *in* 12. *bas.*

Instruction morale d'un Pere à son fils par Silvestre du Four. *Lyon* 1678. *in* 12. *bas.*

Aurelii Cornelii celsi de re medica lib. cum notis R. Constantini. *Lugd.* 1566. *in* 12. *p.*

De Petri Boessatii libri duo. *Gratianopoli* 1680. *in* 12. *bas.*

Dionisii Salvagnii Boessii miscellanea. *Lugd.* 1661. *in* 12. *bas.*

Lilius Gregorius Girardus de re nautica. *Basileæ* 1540. *in* 12. *bas.*

Sexti Julii Erontini Stratagemicon. *Parisiis* 1650. *in* 16. *b.*

Defensio regia pro Carolo 1. sumptibus regiis. 1649. *in* 16. *veau.*

Joannis Miltoni Angli pro populo Anglo defensio. *Londini* 1652. *in* 16. *bas.*

Lamberti Bos Mysterii Ellipsios græ. expositi specimen. *Frankera* 1702. *in* 12. *veau.*

Petri Pithæi J. C. adversariorum subcecivorum lib. duo. *Basileæ* 1574. *in* 12. *vel.*

Joannis Buxtorfii Synagoga Judaïca. *Basileæ* 1641. *in* 12. *p.*

Mytologia natalis Comitis. *in* 12. *p.*

Historiæ miscellæ à Paulo Aquilegiensi diacono collectæ. *Ingolstadii* 1603. *in* 8. *vel.*

M. Capella Martiani de nuptiis Philologiæ &c. *Lugduni* 1539. *encart. in* 12.

Hieronimi Mercurialis variæ lectiones. *Basileæ* 1576. *in 12. p.*

Henrici Stephani Schediasmatum variorum lib. *Excudeb. idem Stephanus* 1578. *in 12. vel.*

Apicius Cælius de arte Coquinariâ cum annot. Martini Lister. &c. *Amstelod.* 1709. *in 12. encart.*

Entréttens de Balsac. *à Leyde* 1659. *chez Jean Elzevir in 16. vel.*

Julius Solinus Polyhistor sive rerum orbis memorabilium collect. *Lugd.* 1541. *p.*

Polyæni Stratagematum. 1589. *in 12 p.*

Luciani opera græ. lat. ex emendatione Joan. Bened. *Salmurii* 1619. 2. *vol. in 8. vel.*

Calandrier de la paix pour l'an. 1740. *br.*

Bibliotheque des Auteurs qui ont écrit l'Histoire & la Topographie de France par André Duchesne. *à Paris Cramoisi* 1627. *in 12. p.*

Josephi Scaligeri opuscula græ. lat. *Parisiis* 1605. *in 12. p.*

Bernardi Martini variarum lectionum L. IV. *Parisiis* 1605. *in 12. p.*

Maximi Tyrii dissertationes græ. lat. *Lugduni* 1630. *in 12. p.*

La critica della morte overo l'Apologia della vita. 1704. *in 16. p.*

L'Etat de la France. *Paris* 1682. *in 12. 2. vol. bas.*

Instruction morale d'un Pere à un fils par Silvestre Dufour. 1678. *in 8. bas.*

Jacobi Philippi de Tesseris Hospitalitatis lib. singularis. *Amstel. sumptibus Andr. Frisii* 1670. *in 16. mar. r. doré sur tr.*

De originibus rerum libellus auctore Guillelmo Pustrengo *Venetiis* 1547 *in* 12. *p.*

Auligelli noctes atticæ. *Parisiis* 1560. *in 16. bas.*

Explication des notes qui font connoître la reliûure des Livres de cette Bibliotheque.

A.	*Maroquin*
M. R.	*Maroquin rouge*
V.	*Veau*
B.	*Basane*
Vel	*Velin*
Br.	*Brochure*
Enc.	*Encartonné*

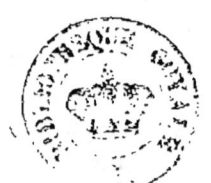

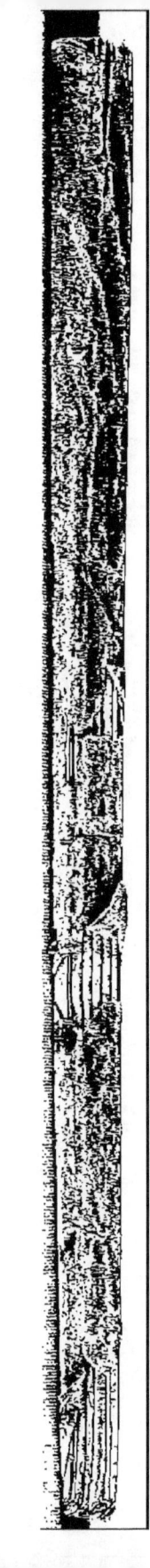

www.ingramcontent.com/pod-product-compliance
Lightning Source LLC
LaVergne TN
LVHW021730080426
835510LV00010B/1188